Pero sigue siendo el rey

Biografías

José Alfredo Jiménez Jr.

Pero sigue siendo el rey

© 2017, José Alfredo Jiménez Jr.

Derechos reservados

© 2017, Editorial Planeta Mexicana, S.A. de C.V.
Bajo el sello editorial BOOKET M.R.
Avenida Presidente Masarik núm. 111, Piso 2
Colonia Polanco V Sección
Delegación Miguel Hidalgo
C.P. 11560, Ciudad de México
www.planetadelibros.com.mx

© Héctor Valdivia, Mundo raro
Diseño de portada: Alejandra Ruiz Esparza F.
Fotografía de portada: Carlos Isunza
Fotografías de interiores: Archivo personal del autor
Diseño de interiores: Alejandra Espinosa

Primera edición impresa en México en Booket: noviembre de 2017
ISBN: 978-607-07-4532-4

Impreso en los talleres de Litográfica Ingramex, S.A. de C.V.
Centeno núm. 162, colonia Granjas Esmeralda, Ciudad de México
Impreso y hecho en México -*Printed and made in Mexico*

José Alfredo Jiménez Gálvez (Ciudad de México, 1955). Hijo del compositor José Alfredo Jiménez Sandoval y Julia Gálvez Aguilar (Paloma), se tituló en la carrera de Ingeniería en Sistemas Electrónicos en el Instituto de Investigaciones de Audio de la Universidad de Nueva York (NYU) y trabajó en la RCA Víctor de México como ingeniero y productor. Entre sus producciones destacan los trabajos con Lola Beltrán, Lucha Villa, la Banda El Recodo, Tania Libertad, La Auténtica Santanera, entre otros. Como productor y editor de videos destacan: "Inspiración y vida" y "Vivencias de un poeta" con imágenes de José Alfredo Jiménez rescatadas de los archivos de Televisa. Ha escrito temas para cine y televisión como: "Gran reserva" de la telenovela Camino de Guanajuato y "Sueños de amor" de la película Una última y nos vamos. Entre los artistas que han interpretado sus composiciones se encuentran: Pedro Fernández, José José y Juan Gabriel, Guardianes del Amor, Ana Bárbara, la Banda El Recodo, Lupillo Rivera, entre otros. Como político ha sido candidato a diputado federal y embajador de turismo de Guanajuato. Actualmente se desempeña como vocal del Consejo Directivo de la Sociedad de Autores y Compositores de México. Es coautor del libro Sigo siendo el rey: 40 años (2015).

Índice

Dos voces frente al espejo

PALOMA JIMÉNEZ GÁLVEZ

M e gusta pensar en la tensión que se establece entre el relato histórico y el relato de ficción. De ahí que, para abordar este ejercicio que ha desarrollado mi hermano con tremenda soltura y aventurándose en ambos terrenos sin intención precisa de separarlos, distinguirlos ni mucho menos buscando una justificación para hacerlo, he elegido rastrear las muescas de la identidad. Considera Paul Ricoeur que es imprescindible interpretarse a uno mismo a partir del régimen del relato histórico y del relato de ficción. José Alfredo Jiménez Gálvez se interpreta a sí mismo a través de esta narración que tiene una plataforma histórica pero que va mucho más allá porque se nutre de una sobredosis ficcional que la hace aún más verosímil.

Para Walter Benjamin "El *recuerdo* funda la cadena de la tradición que se retransmite de generación en generación"[1]. Heredar el recuerdo nos exige no romper la cadena, los hijos somos los eslabones que engarzan el pretérito y el porvenir, el árbol genealógico que engrandece la fronda y permite conservar la gesta familiar. En este libro de recuerdos,

---

1   Benjamin, Walter. *Sujeto y relato. Antología de textos teóricos.* México: UNAM, 2009. p. 45.

anécdotas y testimonios, José Alfredo Jiménez hijo revive la figura del padre que él conoció. El formato que ha elegido es lúdico, placentero y comprometido, pues una entrevista permite el encuentro de las voces, la expresión individual, la opinión íntima, entrañable que evoca el recuerdo y la vivencia como una charla ligera que anida en la distancia de la memoria y la recreación. Para mí ambas voces se funden porque las dos me son demasiado cercanas, tan familiares y próximas que por momentos no distingo la una de la otra, quizá porque los padres se prolongan en los hijos y el hijo se apropia de la figura del padre, se identifica con él, se somete y, en palabras de Ricoeur, lo *refigura*.

> Uno nunca se acostumbra a no hablar con los muertos que conoció, a no contarles lo que se imagina que habría sido de su diversión o interés, a no presentarles a las personas importantes nuevas o a los nietos póstumos si los hay, a no darles las buenas o malas noticias que nos afectan y que tal vez los habrían afectado a ellos también, de seguir en el mundo y poderse enterar.[2]

La comunicación que se entabla en este texto brinda la oportunidad de entrecruzar los umbrales, de contarle a José Alfredo Jiménez lo que no pudo presenciar en vida, aquello que sembró y que nosotros hemos recolectado y cuidado para preservar la tradición y poder heredarla a sus futuros descendientes y, por otra parte, tendremos la oportunidad de escucharlo a él como solo pudo oírlo su hijo y él lo ha narrado para compartirlo con nosotros, sus lectores, en este relato a dos voces frente al espejo.

Cuajimalpa, 14 de julio de 2015.

---

2   Marías, Javier. *Así empieza lo malo*. Madrid: Alfaguara, 2014. Documento de Kindle p. 1718.

INTRODUCCIÓN

JOSÉ ALFREDO JIMÉNEZ GÁLVEZ

Nací hijo de un Rey y de una Paloma. Crecí en un mundo raro, donde la soledad busca otras soledades, rodeado de gigantes con nombres pequeños: Pedro, Lola, Jorge, Lucha, Miguel … Mis amigos fueron: "El jinete", "El perro negro", "El caballo blanco"—que no es otro que un auto Chrysler Imperial Newyorker del año 1957—, "Los gavilanes", "El borrego", "El coyote", "La que se fue", etc. Mis juguetes eran el mariachi, la Banda Sinaloense, aquella guitarra muda que tantas veces vio llorar a mi padre, que dando pinceladas a la luna y las estrellas daba forma a una obra admirable.

Desde el primero de mis recuerdos hasta el día en el que se fue, siempre admiré a mi padre —hoy más aún—, pero el breve tiempo que conviví con él no me permitió preguntarle, ni hablar con él todo lo que me hubiera gustado. Algunas respuestas me las dio cuando era niño, otras, durante mi adolescencia y muchas a través de sus canciones. Por ello, en este libro me propongo compartir con los lectores una conversación ficticia, pero a la vez verídica entre mi padre y yo. Aquí volcaré algunas de las anécdotas más entrañables de su juventud y también de nuestra vida social e íntima.

José Alfredo Jiménez fue testigo de su tiempo, del tuyo, del mío; porque con su obra, su voz y sentimiento llenó con fuerza las ilusiones que nos arrastran por el camino de la noche, para mostrarnos que la belleza y el amor caminan de la mano del dolor y la tristeza. Poeta, leyenda, mito, icono, héroe. Estoy consciente de que mi compromiso contigo, papá, es cada día más grande, porque si para todo el mundo eres "el hijo del pueblo" para mí siempre serás "el Rey", aquel que quiso que Dios mismo me arrullara.

2

JUZGADO DEL REGISTRO CIVIL.
DOLORES HIDALGO, GTO.

Boleta Número.

Queda inscrito en el registro de este Juzgado el nacimiento

Alfredo Jiménez

en el libro respectivo.

Dolores Hidalgo, 1° de Febrero de 192

El Juez del Registro Civil.

3ª Clase

Los interesados conservarán esta boleta
para constancia de haber hecho la inscripción.

CAPÍTULO 1 | Los inicios

3

4

Yo[1]

Ando borracho, ando tomado
porque el destino cambió mi suerte,
ya tu cariño nada me importa,
mi corazón te olvidó pa'siempre.

Fuiste en mi vida un sentimiento
que destrozó toditita mi alma,
quise matarme por tu cariño
pero volví a recobrar la calma.

Estribillo:

Yo, yo que tanto lloré por tus besos,
yo, yo que siempre te hablé sin mentira…
Hoy solo puedo brindarte desprecios,
yo, yo que tanto te quise en la vida.

Una gitana leyó en mi mano
que con el tiempo me adorarías,
esa gitana ha adivinado,
pero tu vida ya no es la mía.

Hoy mi destino lleva otro rumbo,
mi corazón se quedó muy lejos,
si ahora me quieres, si ahora me extrañas,
yo te abandono pa' estar parejos.

Estribillo

Mi padre siempre decía que el dinero no se ganaba fácilmente, así que, durante mis vacaciones escolares, me llevaba a trabajar con él a sus giras, presentaciones de radio, de teatro y de televisión o bien, lo acompañaba a la RCA Víctor cuando tenía que grabar algún disco, a la Sociedad de Autores y Compositores de México (SACM) o a la EMMI (Editorial Mexicana de Música Internacional) a registrar nuevas canciones o a cobrar sus regalías.

Fue en esos momentos cuando tuve la oportunidad de preguntarle algunas cosas de su infancia, de mis abuelos, la historia de "Ella", ¿quién era? o el "El jinete". Yo quería saber cómo escribía, cómo componía sus canciones, enterarme de qué número eran "Las botas de charro", que me platicara sobre sus amigos, el futbol que tanto lo apasionaba y sobre sus "Amores del alma".

 J.A.J. Padre: Bueno, ahora todo es fiesta, pero tú no sabes lo que sufrí cuando murió tu abuelo el 18 de octubre de 1936, yo tenía diez años. Se llamaba Agustín Jiménez Tristán, nació en San Luis Potosí en 1880. ¡Era químico farmacéutico! Se graduó en el colegio de San Nicolás en Morelia, Michoacán. En el año de 1900 instaló la botica San Vicente en la esquina de la casa y fue la única en Dolores Hidalgo durante mucho tiempo.

Tu abuelo se casó poco después de enviudar, como dos años más tarde, con tu abuela, Carmen Sandoval Rocha, y tuvieron cuatro hijos, Nacho, Concha, Vítor —como le decía tu abuela— y yo. La casa en la que nací —ahora Casa Museo José Alfredo Jiménez— está ubicada en la avenida Guanajuato #13, antes segunda calle de Mina, a una cuadra del jardín central. Nací en muy buena cuna, para mi bautizo mi padrino el Dr. Eusebio Jiménez Sánchez, primo hermano de mi papá me trajo el ropón desde París y mi primera comunión la oficíó el presbítero J. Zacarías Barrón en el Templo de la Tercera Orden, el día siete de octubre de 1935.

J.A.J. Hijo: ¿Es cierto que cuando mi abuelo Agustín se encontraba en cama muy grave, a pocos días de su muerte, las autoridades del municipio de Dolores acordaron cambiar el trayecto del desfile militar para que no lo molestaran con el ruido?

¡Sí! Efectivamente, por cariño y respeto le evitaron la pena de escuchar los bélicos acentos del clarín y los tamborazos.

Al morir mi padre, tu abuela quedó al frente de la farmacia, pero ella no tenía autorización ni conocimientos para preparar los medicamentos en la trasbotica, así que tuvo que contratar a un químico que la apoyara. Luego, su escasa habilidad para los negocios la llevaron a la quiebra. Con el poco dinero que le quedó se trasladó toda la familia hacia la capital. Mi tía Cuca y yo nos habíamos adelantado porque unos parientes sugirieron que podía terminar la escuela primaria en México. Me hicieron

5

dejar mi pueblo adorado, mi escuela Centenario, a mi gato Demetrio, ese cuartito de atrás que se transformaba en un gigantesco teatro, mi campo, aquella hacienda de Trancas de mi hermana Lola en donde aprendí a ordeñar, a sembrar, a montar… Aquel lugar era mágico, había norias, cantaban las ranas en los charcos, se oían campanas rajadas en los funerales y adornaban las calles con mucho papel picado durante las fiestas. En las eras sembraban chile y en los bordos había pirules y mezquites. Se preparaba queso, jocoque y mantequilla bola envuelta en hoja de maíz, todo con pura esencia mexicana, algunas de mis canciones guardan esos inolvidables recuerdos.

comencé a trabajar vendiendo zapatos de puerta en puerta

¿Y qué hiciste al llegar a la Ciudad de México?

Al principio no tuvimos problemas, yo entré al Colegio Franco Inglés, en Sadi Carnot y nos acomodamos en la casa de mis tíos en la colonia Santa María. Cuando se tuvieron que venir todos, rentamos un departamento en la misma colonia y ahí tu abuela abrió una pequeña tienda de abarrotes. No nos duró mucho el gusto, la tienda también quebró y yo tuve que dejar la escuela primaria que, a duras penas, terminé después en la nocturna número 42, casi a los 18 años —el 30 de noviembre de 1943— y comencé a trabajar vendiendo zapatos de puerta en puerta con un amigo de nombre Salvador Rábago. Fui extra de cine en la película de *Campeón sin corona,* por lo que algunas personas

6

Nº 226930

En nombre de la República Mexicana y como Oficial del Registro Civil de este lugar, certifico ser cierto que en el libro uso del Registro Civil que es a mi cargo, a la foja 35-7ta. se encuentra asentada un acta del tenor siguiente:

ACTA

NACIMIENTO: JIMENEZ SANDOVAL ALFREDO.-

En Dolores Hidalgo, Guanajuato, a las 12.00 Doce horas del día 1o. Primero de Febrero del año de 1923. Mil novecientos veintitrés, ante mí José Freire, Juez del Estado Civil de ese lugar, compareció Agustino Zárate, Soltero, originario de esta ciudad, y vecino de esta ciudad de 30 Treinta años de edad, Soltero con habitación en la casa número y presentó a un de la cosa No. con el mes de Enero presente año a quien le puso el por nombre Alfredo Jimenez Sandoval.- y que en el Cuarto lugar ago Legítimo.- de

PADRES

Nombre Agustín Jimenez	Nombre María Carmen Sandoval
Edad 40 años	Edad 25 años
Estado Civil Casado	Estado Civil Casada
Profesión u oficio Farmacéutico	Profesión u oficio Sin profesión
Originario de esta ciudad	Originaria de esta ciudad
Vecino de esta ciudad	Vecina de

ABUELOS PATERNOS

Nombre Juan Jimenez	Nombre Fdcolasa Peláton
Edad	Edad
Estado Civil	Estado Civil
Profesión u oficio	Profesión u oficio
Originario de	Originaria de
Vecino de	Vecina de

ABUELOS MATERNOS

Nombre Antonio Sandoval	Nombre María Carmen Hosta
Edad	Edad
Estado Civil AUN VIVE	Estado Civil
Profesión u oficio	Profesión u oficio
Originario de	Originaria de
Vecino de	Vecina de

TESTIGOS

Nombre José Santos García	Nombre Antonio Sandoval
Edad Mayor de edad	Edad Mayor de edad
Estado Civil	Estado Civil
Profesión u oficio	Profesión u oficio
Residencia esta ciudad	Residencia esta ciudad

SIGUE A LA VUELTA

CONFRONTADA:

PARA COPIAS CERTIFICADAS DEL REGISTRO CIVIL

VALOR DE LA HOJA $3.00
EXPEDICIÓN DE CLASE $2.50
VALOR TOTAL DE LA COPIA ... $5.50
RECIBO NÚMERO

7

8

9

10

11

12

piensan que fui boxeador y en otra película salí como soldado en la Batalla de Puebla, pero como soy medio güero de ojo claro me tocó del lado francés. Después me metí a jugar futbol en el equipo Oviedo, luego pasé al Marte, que ya era un equipo de la primera división y pertenecía al ejército. Ahí fue donde compartí la portería con "la Tota" Antonio Carbajal, que en su momento llegó a ser el mejor portero de México y participó en cinco copas mundiales con nuestra escuadra nacional.

¿Por qué dejaste el futbol, si tanto te gustaba?

Pagaban muy poco y, además, también tenía un trabajo de mesero en el restaurante de antojitos yucatecos La Sirena de don Mateo Ponce. Yo era amigo de su hijo Jorge a quien apodábamos "el Panucho". Jorge tocaba muy bien la guitarra, era un gran requinto. Con él y otros amigos, los hermanos Valentín y Enrique Ferrusca, formamos un trío (aunque éramos cuatro), lo llamamos: José Alfredo y los Rebeldes.

Con el trío empezamos a tener contratos para tocar en fiestas, serenatas o mañanitas. Recuerdo que un día 16 de diciembre me invitaron a una posada. Había decidido portarme bien porque tenía que presentarme al partido en el Parque Asturias a las siete de la mañana, pero a media fiesta se me ocurrió cantar algunas canciones y no faltó el enamorado que me insistió que lo acompañara a llevar gallo, y me ofreció $100.00, yo sin pensarlo acepté. Al otro día, desvelado y con la cruda, jugué tan mal que me metieron nueve goles. Como siempre me vestía de negro, mi mote de portero era "Cuervo". Esa mañana los aficionados me pusieron apellido: "¡Cuervo Coladera!". Ahí me di cuenta de que iba a meter más goles en los balcones del corazón, que parar penales en el campo de juego.

Te pasó igual que a algunos de los seleccionados de la sub 22 cuando festejaron al estilo Jalisco en el Hotel Quito de Ecuador y fueron expulsados de la Copa América. Después de semejante goleada, ¿le tuviste que entrar de lleno al canto?

Sí, aunque continué como mesero porque el sueldo de $300.00 era bueno y una que otra propina me ayudaba pa' pagar la renta, pues entonces vivía en un cuartito en la calle de Chopo con la tía Cuca y sus animalitos, tenía muchos y también había que darles de comer. Mi mamá y mis hermanos se habían ido a Salamanca porque Nacho consiguió trabajo en la refinería de PEMEX.

¿Ya tenía mi tía Cuca el perico que te imitaba haciendo gárgaras?

Sí, claro, se llamaba Lencho. También cantaba: "Me cansé de rogarleeee…" a todo pulmón, cochino pájaro era vaciado.

Fue a finales de 1947 cuando recibí mi primer sueldo con el trío Los Rebeldes, $7.50 pa' cada uno. Don Alfonso Esparza Oteo nos dio la oportunidad de cantar con el trío en los micrófonos de la XEL, así comencé a dar a conocer canciones como "El cobarde", "El vencido" y "Como un criminal".

¿Empezabas a ser famoso?

No, ¡qué va! Pasaron dos años más para que me grabaran la primera canción. "Yo" se grabó el 22 de febrero de 1950 y fue

14

15

interpretada por Andrés Huesca y sus Costeños, dirigidos por don Mariano Rivera Conde, en los estudios de la RCA Víctor, en la Ciudad de México.

Me gustaría que Mariano Rivera Velázquez, hijo de don Mariano Rivera Conde y Consuelo Velázquez, nos cuente esa anécdota.

¡Claro que sí! Mariano, su padre, fue mi gran amigo, él, antes que nadie, tuvo confianza en el futuro de mis canciones, y a Consuelito la admiré tanto que grabé dos veces una de sus canciones más hermosas: "Aunque tengas razón".

Mariano Rivera Velázquez: En 1950 ya Mariano Rivera Conde estaba consolidado como el más talentoso director artístico de la industria disquera de México. En la RCA Víctor, había dirigido las más relevantes grabaciones de Jorge Negrete, quien le tenía en gran aprecio y había lanzado al estrellato a María Luisa Landín, la gran intérprete de "Amor perdido" (del puertorriqueño Pedro Flores), de "Verdad amarga", "Aunque tengas razón" y "Será por eso" de Consuelo Velázquez. Su dirección artística en las grabaciones del "Tenor Continental", Pedro Vargas, y su amistad creativa con Agustín Lara habían captado la admiración internacional. Baste recordar a Toña "la Negra" cantando "Veracruz" y "Oración Caribe". Las inolvidables grabaciones del legendario Benny Moré como "Bonito y sabroso", "Pachito Che" y "Yo no fui", y el lanzamiento con Benny de una joven y talentosa compositora mexicana: Ema Elena Valdelamar, la gran autora de "Mucho corazón". El joven pianista y arreglista de la orquesta de Benny Moré había despertado la admiración de Mariano y decidió lanzarlo como solista con su propia orquesta y así nacieron Pérez Prado y el mambo, poniendo a bailar, literalmente a todo el mundo.

Mientras planeaba la difusión de la música de su tierra, Sinaloa, ya que nació en Mazatlán y la familia de su madre venía de La Noria, su pueblo adorado, trajo a la Ciudad de México a Cruz Lizárraga y su banda El Recodo, con el resultado que todos conocemos. Su versión de "Mi gusto es" de Alfonso Esparza Oteo acompañó a mi padre desde que la grabó, toda su vida. El maravilloso trío de Los Tres Diamantes fue otro de sus hallazgos, cambiando así la historia interpretativa del bolero mexicano, que con Fernando Fernández tuvo a uno de sus más brillantes exponentes. En este marco musical efervescente, el destacado Andrés Huesca y sus Costeños, difundían lo mejor de la extraordinaria veta musical veracruzana, siempre dirigidos en la RCA Víctor por Mariano Rivera Conde.

Andrés Huesca, previo a una grabación, en un descanso comenzó a ensayar una canción con Los Costeños. A Mariano no se le escapaba nada profesionalmente y cuidaba todos los detalles de sus grabaciones con un oído proverbial y al escucharlos le preguntó a Huesca qué estaban tocando. Éste le dijo que era la canción del "Güero" que trabajaba en La Sirena, un concurrido restaurante de la colonia Santa María La Ribera. Mariano le dijo por el micrófono de la cabina:

—¡Eso se graba! —Andrés replicó que apenas estaban poniendo la canción y era prematuro grabarla. Rivera Conde le repitió:

—¡Eso se graba!, y además quiero conocer al compositor.

Así se realizó la primera grabación de una canción del "Güero de La Sirena", la canción "Yo", de José Alfredo Jiménez.

Días más tarde, "el Güero" llegó a la RCA Víctor en la avenida Cuitláhuac 2519 y fue presentado por Andrés Huesca a mi padre.

—A ver, José Alfredo, tóqueme al piano sus temas.

—Don Mariano, yo no sé tocar el piano —respondió.

—Bueno, no importa —dijo el director artístico y añadió—: tráiganle al "Güero" una guitarra.

—Tampoco toco la guitarra —replicó "el Güero".

—¿Y cómo diablos compone usted sus canciones?

—Pues así nada más, las chiflo y las canto.

Rivera Conde le dijo con la voz fuerte que le caracterizaba:

—¡Pues chíflelas y cántelas!

Cuando terminó de chiflar, cantar y explicar varios temas, Mariano sonriendo ampliamente le señaló:

—¡Está usted contratado como compositor en exclusiva! Y yo tengo a alguien que va a interpretar sus canciones como quiero oírlas. Nos vemos pronto.

Rivera Conde convocó a un joven cantante que venía de la XEW y le dijo:

—Mira, Miguel, deja de hacerte pendejo con tus boleros y cancioncitas tropicales y me grabas esto.

Y le dio cuatro temas inéditos a Miguel Aceves Mejía: "Ella", "Cuatro caminos", "A buscar la muerte" y "El jinete". Un gran intérprete para un gran compositor. A mí me gustaría añadir que así se crea y escribe, con hechos decisivos y audaces, la historia de la música mexicana, que, con su calidad, borra las fronteras del espacio y del tiempo. ¡De ahí pal' real!

Cuatro meses después de que la canción fue grabada pasé al departamento de regalías, les di mi nombre:

—Soy José Alfredo Jiménez, ¿habrá algo de dinero para mí?

La señorita, al escucharme abrió unos ojotes enormes y dijo:

—¿José Alfredo?, ¡pero si lo hemos buscado por todas partes, no sabíamos cómo encontrarlo!

Entonces, me entregó un cheque que nomás de verlo me temblaron las piernas, mis ojos se empañaron de lágrimas y, cuando al fin pude volver a ver lo que no creía haber visto, descubrí la cantidad: ¡\$70,000.00! Salí de la compañía tambaleándome, cambié el cheque y corrí a la Villa de Guadalupe a dar gracias. Quería rezar el Padre Nuestro y se me olvidaban las palabras, pensé en el Credo, pero nunca me lo había podido aprender. Del Ave María solo me salió la mitad, así que mejor recé La Magnífica. Bueno, solo el título, porque la verdad no me la sé, pero lo repetí tantas veces que hasta música le puse.

¿Cuándo comenzaste a grabar tus canciones?

Fue poco tiempo después, exactamente, el 4 de junio de 1950. Don Felipe Valdés Leal me invitó a grabar, pero con mariachi. No le convencía el trío, en la compañía pensaron que con mariachi quedaría mejor. Empecé en La Columbia. Ese día grabé cuatro canciones: "Ella", "Nuestra noche", "Cuatro caminos" y "Un día nublado". Tu mamá, que para entonces ya era mi novia, me acompañó y nos tardamos tanto que le pusieron una buena regañada. Yo no sabía lo que era grabar con tanta gente involucrada y con un profesional tan exigente como don Felipe. Acostumbrado a las grabaciones caseras con Leonardo Borbolla y al trío, no sabía lo que era un verdadero estudio de grabación y un gran mariachi con tantos elementos. Los oía como si fueran una orquesta sinfónica.

¿Quién era Leonardo Borbolla?

Leonardo era hijo del marido de tu tía Celia, hermana mayor de tu mamá, trabajaba en Azúcar, S.A. Ahí conoció a los Ferrusca, que formaban parte de mi trío. Él era aficionado a la grabación y a la fotografía, y tenía un pequeño estudio casero con una maquinita que sobre discos de cartón con cera o acetatos hacía fijaciones directas del micrófono. Él fue quien realizó mis primeras grabaciones además de tomar las fotografías en las que estoy con tú mamá y con mis compañeros del trío Los Rebeldes.

Si don Mariano Rivera Conde te grabó tu primera canción en la RCA y don Felipe Valdez Leal te llevó a grabar como intérprete de tus canciones a La Columbia, ¿por qué mi padrino Miguel Aceves asegura que él fue quien te descubrió?

Pues, en realidad él fue de los primeros en grabar mis canciones, gracias a él gané mucho auditorio, deja que él mismo te lo cuente.

Miguel Aceves Mejía: Yo lo cité en mi programa *Atardecer Ranchero* en la XEW, que grabada yo siempre con "el Mariachi" Vargas, y ahí me cantó, a mí antes que a nadie, "Ella", "Tu recuerdo y yo", "Serenata huasteca", "El jinete" y un montón de temas más. Yo lo llevé con Rivera Conde y yo le grabé varias canciones con arreglos de Rubén Fuentes y como al mes o dos, José Alfredo ya era famoso, le daban anticipos de $100,000.00 por cada canción que yo le grabara.

¡*Wow*! $100,000 por canción es un dineral. Ahora por la sincronía para televisión que me consiguió mi amigo el Lic. Víctor Hugo García del tema que escribí para la novela *Camino de Guanajuato* no me dieron ni la mitad, y seguro que si les pido más me dicen: "¡Ni que fueras José Alfredo Jiménez!". Con razón mi padrino Miguel dice que te acompañó a la luna de miel, con esos adelantos cualquiera se lo lleva, ¿no?

¡Cómo crees! Lo que pasó es que nos contrataron a los dos para una actuación en Tecolutla, por la barra de Nautla en Veracruz. Acabábamos de regresar del viaje de bodas y tu mamá me acompañó, teníamos solo unos días de casados, también vino Angelina, la primera esposa de Miguel, por lo que se puede decir que seguíamos de luna de miel. Además, él fue padrino de velación en mi boda religiosa. Tu mamá y yo nos casamos primero por el Civil y, una semana después, el 27 de junio de 1952 por la Iglesia, en el templo de Nuestra Señora del Perpetuo Socorro, en la calle de Villalongín y aunque se digan muchas cosas nunca nos divorciamos. Tengo aquí una de las fotografías que nos tomó Chava Flores cuando salimos del templo, en ese momento estaba tocando "Paloma querida" un grupo de mariachis que nos llevó como regalo Mario Molina Montes. Miguel siempre me ayudó y me alentó en mi carrera, fuimos grandes amigos.

Entonces solo fue una "luna de mientras", ¿no? A veces mi padrino Miguel es un poco exagerado. Un día lo acompañé a él

19

20

21

JOSE ALFREDO JIMENEZ

Triunfa nuevamente con sus Creaciones.

DISCO Nº 2549

EL JINETE

★ **POR SI ME OLVIDAS**

DISCO Nº 2509

★ **MI AVENTURA**

★ **TE ANDAN BUSCANDO**

Los Grandes Exitos son Discos **Columbia**

y a Lucha Villa a una entrevista con Gustavo Alvite en Radio Mil, y él dijo: "¡Yo! Yo fui el que le puso el falsete al jinete", a lo que Lucha Villa enseguida respondió: "¡Y yo se lo quité!". Como que a Miguel ya se le desafinaron los recuerdos, ¿no? A propósito, ¿quién era el jinete? Porque ha evolucionado mucho esa canción desde la versión de Jorge Negrete, pasando por la de José Feliciano hasta la de Enrique Bunbury, y entre más las escucho no sé cuál me gusta más, aunque ya sabes que la tuya es mi favorita.

"El jinete" es una de mis primeras canciones. Estaba yo bien chamaco (unos 11 años) y fui a visitar el Desierto de los Leones. Ahí alquilaban caballos y cabalgando por ese hermoso bosque comenzaron a llegar a mi mente las imágenes de un jinete solitario con su guitarra cantando al amor que se le había ido para siempre. Después de algunos años le di un manotazo, le hice unos cambios y quedó un huapango muy bonito, inclusive el pianista Van Cliburn lo tocó como *encore* en Bellas Artes.

¡Ya me imagino!, "El jinete" en piano es impresionante, pero el arreglo de Juan Carlos Calderón para el dueto con Pancho Céspedes quedó genial y la versión sinfónica de María León para la película *Pura sangre* es una verdadera joya.

Un día llegó un tipo que quería molestarme y me dijo: "Qué bonita te quedó esa canción que dice: 'Se mira relampaguear, el cielo está encapotado'". Yo tranquilamente le respondí: "Ésa es 'El aguacero' y es de mi compadre Tomás Méndez", el tipo insistió, "Bueno pero la de 'Anillo de compromiso' es una de tus mejores canciones ¿no?". Nuevamente, y sin enojarme, le contesté: "No, esa canción es de Cuco Sánchez". El tipo, en tono molesto, me dijo: "¿Y entonces tú qué demonios compones?". Yo, sin alterarme, le contesté: "Yo compongo canciones más modestas como 'El jinete'".

Cuando era niño jugaba a que yo era el jinete, y soñaba que el jardín trasero de la casa de Martín Mendalde se convertía en la lejana montaña y que me perdía herido en la noche con mi guitarra cantando a la luz de las estrellas, como si estuviera en una película. ¿En esa época ya salías en las películas?

IMÁGENES

1 Vicente de Paul Jiménez Ahumada.
2 Fe de bautismo de José Alfredo Jiménez.
3 Fiesta en honor a la bandera del 24 de febrero de 1932, él está ubicado bajo el escudo nacional.
4 José Alfredo Jiménez cca. 1933.
5 La familia Jiménez Tristán con Vicente de Paul Jiménez Ahumada en la parte de atrás Ponciana Tristán (bisabuela), Ma. de Jesús (tía abuela) y Juan Jiménez Castro (bisabuelo), en la parte de enfrente Agustín (papá de José Alfredo Jiménez con la mano de su madre en la cabeza), José Jacobo (tío abuelo), José (tío abuelo) sentado en las piernas de su abuelo Vicente de Paul Jiménez Ahumada (tatarabuelo) y a sus pies el perro Coloso.
6 Boda de don Agustín Jiménez Tristán y Carmen Sandoval Rocha, padres de José Alfredo Jiménez.
7 Acta de nacimiento de José Alfredo Jiménez.
8 Botica San Vicente propiedad de don Agustín Jiménez papá de José Alfredo Jiménez.
9 Fotografía de la familia Jiménez Sandoval en Dolores Hidalgo. José Alfredo Jiménez con su mamá y hermanos— de izquierda a derecha— Ignacio, Carmen Sandoval Rocha, José Alfredo y Concepción.
10 Certificado de primaria de José Alfredo Jiménez.
11 José Alfredo Jiménez a los nueve años portando el traje de charro.
12 Primera comunión grupal.
13 Fotografía de arquero en 1943 con en el equipo Oviedo.
14 Fotografía de arquero en 1943 con en el equipo Oviedo.
15 El trío Los Rebeldes integrado por Jorge Ponce, los hermanos Enrique y Valentín Ferrusca y José Alfredo Jiménez cca. 1947 en el estudio de Leonardo Borboy.
16 José Alfredo Jiménez en 1947 con su gato.
17 José Alfredo Jiménez en los estudios de la CBS en 1950.
18 El director artístico Mariano Rivera Conde y José Alfredo Jiménez.

19 José Alfredo Jiménez y su compadre Miguel Aceves Mejía.

20 Boda de José Alfredo Jiménez y Paloma Gálvez.

21 Promocional de la canción "El jinete" (recorte de revista) cca. 1953.

22 Portada de disco éxitos con Miguel Aceves Mejía.

23 Portada del disco de Andrés Huesca y los costeños que incluye la primera grabación de José Alfredo Jiménez.

CINEMATOGRAFICA · MIGUEL ACEVES MEJIA · LOLA BELTRAN · DEMETRIO GONZALEZ · JOSE ALFREDO JIMENEZ etc.
GROVAS, S. A. Presenta a
GUITARRAS DE MEDIA NOCHE Dirección de
RAFAEL BALEDON

CAPÍTULO 2 |
Camino de Guanajuato

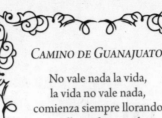

CAMINO DE GUANAJUATO[2]

No vale nada la vida,
la vida no vale nada,
comienza siempre llorando
y así llorando se acaba;
por eso es que en este mundo
la vida no vale nada.

Bonito León Guanajuato,
su feria con su jugada,
allí se apuesta la vida
y se respeta al que gana.
Allá en mi León Guanajuato,
la vida no vale nada.

Camino de Guanajuato,
que pasas por tanto pueblo;
no pases por Salamanca
que allí me hiere el recuerdo,
vete rodeando veredas,
no pases porque me muero.

El Cristo de tu montaña
del cerro del Cubilete;
consuelo de los que sufren,
adoración de la gente.
El Cristo de tu montaña
del cerro del Cubilete.

Pueblito de San Felipe
que tienes mochas tus torres,
qué lindas son tus mujeres
cuando nos hablan de amores
y ese San Miguel de Allende
palabra tiene primores

Camino de Santa Rosa
la sierra de Guanajuato,
allí nomás tras lomita
Se ve Dolores Hidalgo.
Yo allí me quedo paisanos,
allí es mi pueblo adorado.

No, primero entraron mis canciones "Yo", "Ella", "El cobarde", "Qué suerte la mía", en películas como: *La marquesa del barrio, Arrabalera, Burlada, En las Islas Marías, El gavilán pollero, Necesito dinero* y otras. Primero me invitaron a cantar en *Los huéspedes de la Marquesa,* luego en *Martín Corona* le canté su corrido en una escena con Sarita Montiel y en la segunda parte de la saga (*El enamorado*) Pedro Infante y yo cantamos "Paloma querida" en una serenata acompañados por el gran guitarrista Antonio Bribiesca.

Fue así que los productores comenzaron a invitarme a actuar en sus películas, mi primer estelar lo hice en *Caminos de Guanajuato* al lado de tu madrina Lola Beltrán y Demetrio González, siguió *Guitarras de media noche,* con Miguel Aceves, Demetrio y Lola; *Cada quien su música,* con María Victoria, don Pedro Vargas, Lucho Gatica, Rosa de Castilla y el Loco Valdez; *Escuela para solteras,* con Sara García, Lucha Moreno, Javier Solís, Antonio y Luis Aguilar; bueno en esa película salieron hasta Chabelo y el cómico venezolano Amador Bendayán; *El hombre del alazán,* con Fernando

Casanova, Flor Silvestre y Cuco Sánchez; *Juana Gallo*, con María Félix, Ignacio López Tarso y Luis Aguilar ; *La Chamuscada*, con Irma Serrano, "el Indio" Fernández y Luis Aguilar.

¿Por qué se están tomando el ron de utilería?

A ésa yo te acompañé a Cuautla, fue cuando operaron a mi mamá de la vesícula, y a ti te tocó cuidarme, recuerdo mucho a un borracho de nombre don Baldomero a quien echaron de la cantina y se coló por la puerta trasera para robarse dos tequilas que estaban sobre la barra, aquí guardo algunas fotos de esa película.

Sí, qué latoso el borracho ése, decía que estaba muy bonita la luna y era el reloj de la torre de la iglesia. En esa ocasión rodamos dos películas, la otra fue *El caudillo* con "el Indio" Fernández y Luis Aguilar; después vino *Ferias de México* con Roberto G. Rivera, María Antonieta Pons y Cuco Sánchez; *Me cansé de rogarle* con Lucha Villa, Manuel López Ochoa, Julisa y Marco Antonio Muñiz; entre muchas más.

René Cardona Jr. me invitó a participar en *La risa en vacaciones* en una escena en donde Pedro Romo, caracterizado como salvaje, me corretea en un baño. La filmamos en Acapulco y cuando ya dieron el corte (*rapper up*), René Jr. y yo nos sentamos junto a la alberca a tomar una cuba libre. René le pidió a su asistente que nos la preparara con mucho hielito y limón, y la verdad, no nos supo a nada, por lo que para la segunda le pedimos que le pusiera un poco más de ron, así lo hizo, pero tampoco nos gustó.

Estaba a punto de servirnos la tercera cuando llegó mi compadre René Cardona III, quien nos preguntó: "¿Por qué se están tomando el ron de utilería?".

¡Borrachos de utilería! Tomando Coca Cola con agua de la llave ... De seguro acabaron hasta las chanclas.

No, acabamos desparasitados como perros en urgencias del hospital portuario.

Siempre quedan anécdotas muy simpáticas cuando estás en una filmación, pero ya a estas alturas prefiero darles canciones o hacer solamente actuaciones especiales, como en *Las hijas del Amapolo* o en *Pura vida* con "Clavillazo", porque el cine me aburre, para mí es muy lento, tardan mucho tiempo en iluminar y emplazar cada escena, luego hacen muchas tomas y te levantan antes de que el gallo cante.

Con todo y que no te gusta actuar te dieron la Diosa de Plata por tu aportación al cine nacional. Hace unos días Noé Santillana y Mauricio Argüelles me pidieron el tema musical para la película *Una última y nos vamos* en la que actúan Martha Higareda y Héctor Bonilla, además, realicé el *soundtrack* en el que incluí dos temas tuyos ("Si tú también te vas" y "Serenata huasteca"), varias canciones del *Catálogo de Oro*, "Sueños de amor", con letra mía y música de Memo Muñoz, "El diablo de la cumbia", que quedó como el tema principal de la película y la interpretan José Julián y Gabriel Navarro:

SUEÑOS DE AMOR[3]

Quien tiene sueños de amor
amanece enamorado,
mensajes del corazón
el que palpita a su lado.

Quien tiene sueños de amor
y una mujer que lo ama
el mar de su seducción
se llena de espuma blanca.

La lluvia y las estrellas testigos de su mirada,
quien tiene sueños de amor, secretos trae en el alma,
los besos que dejan huella despiertan de madrugada,
quien sueña sueños de amor, con el corazón naufraga.

En esta cinta hice una actuación especial como jurado de un concurso de mariachi al lado de mi comadre María Elena Leal y mi querido amigo Jaime Almeida, y no sabes cuánto nos divertimos, hasta bailamos. Por cierto, ya salió la película de Jack Zagha *En el último trago*. Le fue muy bien en la *premier* y en los festivales de Morelia, Guadalajara y Chicago. A la gente le ha gustado mucho.

Y cómo no les va a gustar si metiste como ocho canciones mías. Me lo contó Columba Domínguez. Ésa fue su última actuación, y dice que los cuatro viejos están espléndidos, sobre todo en la escena del dominó. Por cierto, ¿recuerdas aquel día que me acompañaste al edificio de productores frente a la alberca olímpica, y en la oficina del señor Matuk apostamos una canción contra $10,000.00 en una mano de dominó?

Sí, qué bárbaro, qué nervios, y tú decías: "Al fin y al cabo yo no pierdo nada, le hago rápido una cancioncita y se queda feliz".

¡No le dabas valor a tus canciones! Una tarde me encontré allá por Miguel Ángel de Quevedo, cerca de su fortaleza, al "Indio" Fernández. Estaba sentado en la banqueta comiendo una torta de queso blanco con aguacate y su pachita a un lado, lo saludé y le dije: "Don Emilio, soy hijo de José Alfredo", me miró fijamente y con voz de mando me ordenó: "Pide una torta y siéntate". Entonces comenzó a hablar de ti.

—Tu padre, qué chingón, el más cabrón de todos, ¡qué canciones! Aquí las traigo todas —añadió señalando su cabeza—. Recuerdo aquella vez que en el rodaje de *Enterrado vivo en las Islas Marías* teníamos que cruzar hasta la locación en la isla en unas lanchitas. El mar estaba picado y el tiempo muy malo; tu papá y el doctor de la producción (Alfonso Cervantes), como tenían miedo a subirse a las lanchas, se fueron a esconder, los muy tontos se metieron a una cantina, enseguida los encontré y que me los llevo, si se han metido a la iglesia ni quien los halle.

Don Emilio soltó una carcajada.

—Otro día, tu papá me llevó una canción nueva para una película. Yo estaba en plena filmación y me faltaba gente de efectos especiales; a mí me gustaba que los sonidos en mis películas fueran muy reales. En esa escena se rompían unos platos, le di los platos a tu papá y le dije: "José Alfredo, cuando yo te diga, dejas caer los platos con mucha fuerza". Tu papá, distraído viendo a las muchachas, no me escuchó y no rompió los platos. Y me acordé: cómo demonios se me ocurre darle los platos a éste que fue mesero, ¡jamás los iba a romper! —volvió a reír ampliamente.

En ese momento, el "Indio" Fernández me preguntó:

—¿Qué vas a hacer dentro de 15 días?

...me comentó de las grandes fiestas que hacía en su casa, a las que asistías tú y un montón de bohemios

—Lo que usted ordene, don Emilio —le contesté, y terminé en el pueblo de Huelva, España, como jurado en un festival de cine latino en el cual se rendía un homenaje al cine mexicano realizado por él. Recuerdo que, en el vuelo hacia Madrid, me comentó de las grandes fiestas que hacía en su casa, a las que asistías tú y un montón de bohemios (por llamarlos de algún modo).

—Cuando ya estábamos todos en mi cantina sacaba yo mi pistola, la azotaba contra la barra y gritaba: "¡De aquí ningún cabrón sale hasta que se acaben todas estas pinches botellas!". Y nos pasábamos días y hasta semanas enteras cantando y tomando como Dios manda. Llegaban putas, tríos, toreros, políticos, actores, comida y mucho tequila, la casa terminaba oliendo como el culo.

Gracias, don Emilio, por ese extraordinario viaje lleno de recuerdos maravillosos.

Papá, me gustaría saber: ¿por qué cuando me ofrecieron el papel del hijo de Tarzán para la serie de televisión no lo permitiste?

 No quería que adquirieras responsabilidades de adulto estando tan niño, me dio miedo que dejaras tus estudios y que, al terminar la serie, te quedaras sin trabajo y frustrado como les ha pasado a muchos de los actores infantiles que en cuanto crecen ya nadie los quiere contratar.

Pero el productor decía que, como llevo tu nombre, ya tenía mi futuro asegurado y además pagaban muy bien.

Yo no lo creo así. Más bien pienso que mi nombre hubiera sido una carga para ti. A ver, pregúntale a Verónica si le gustaría estar casada con un actor de poca monta.

¿De poca monta? Creo que mejor seguimos con el tema de los caballos, porque no sabes cuántas veces me han preguntado si tú montas a caballo y por qué nunca te han visto hacer un *show* como el de Tony Aguilar, Joan Sebastian, o mi tocayo José Julián, cantando a caballo.

Les tengo tanto miedo como respeto desde el día en que uno de nombre "el Diablo" se me desbocó en una filmación y me dio un susto que pa' qué te cuento. Yo gritaba "¡me lleva el Diablo!", y todos se reían de mí.

Tienes razón yo solo te he visto con caballos en el video "Llegó borracho el borracho", en el que tú vienes jalando al caballo en una calle de San Miguel de Allende, en *Guitarras de media noche*, donde estás trepado, pero en un burro, y en una escena de la película *Camino de Guanajuato* donde te viene jalando el trompetista del mariachi y tú montado como niño en Chapultepec. Si te hubieran visto los Charros de León no te otorgan el título de Maestro Charro; honorario grabado en una hermosa espada de plata.

Aquella vez querían que cantara montado a caballo, pero les dije que me había lastimado en el homenaje a mi compadre "la Tota"

Carbajal, en el que me hicieron recordar mis tiempos de portero y ¡mira que solo me metieron un gol!

Porque nada más jugaste 15 minutos. Y creo que te ves mejor de charro que de *shorts*. ¡Qué padre viaje! Quilen (hijo del empresario Guillermo Vallejo) y yo teníamos 11 años, y no sabes lo bien que la pasamos contigo, ¡pura fiesta! Qué buena estuvo la comida que te ofreció "el Pato" Marcos Aurelio en su restaurante El Rincón Gaucho y luego, por la noche, en El Panteón Taurino, ¡qué ricas botanas prepararon! Lo que no nos gustó nadita fue la fotografía de la exhumación del torero Balderas que tienen colgada en su galería: ¡espanta! Hace unos días pasé por El Panteón Taurino, y qué bien lo conservan.

Esa tarde en la charreada cantó conmigo Conchita Solís y lo hizo como una reina; tanto así que le regalé mi sombrero de charro.

Más bien se lo diste por coqueto, porque desde que llegó dijiste que estaba chula la muchacha. Por cierto, Conchita me escribió a través de su Facebook y me comentó que conserva el sombrero con mucho cariño y como uno de los recuerdos más bellos de su vida. Esa vez fue cuando Quilen y yo te pedimos que nos consiguieras unos caballos y los charros de León no quisieron prestarnos ninguno porque podían tirarnos.

Bueno, sí tenían razón, además ellos son muy celosos con sus caballos. Pero yo les prometí que llegando a Guadalajara les iba a presentar dos viejas buenísimas, y cumplí.

CINEMATOGRAFICA — MIGUEL ACEVES MEJIA ★ LOLA BELTRAN ★ DEMETRIO GONZALEZ ★ JOSE ALFREDO JIMENEZ co
GROVAS, S. A. *GUITARRAS DE MEDIA NOCHE* Dirección de: RAFAEL BALEDON
Presenta a

Yo te dije: "¡Si no nos conseguiste unos caballos, menos nos vas a conseguir unas muchachas!" y tú nos presentaste a dos señoras del paleolítico que hacían unas tortas ahogadas muy sabrosas; luego dijiste: "Pero mañana sí van a ver muchas piernas", y también cumpliste, porque a la mañana siguiente Jaime "el Tubo" Gómez nos invitó al entrenamiento de su equipo: las Chivas del Guadalajara y después a una comida en el club. Ahí conocimos al "Jamaicón" Villegas; a Salvador "Chava" Reyes; al "Bigotón" Jasso; a Sabás Ponce; al "Tigre" Sepúlveda; al "Cabo" Valdivia; a "la Piña" Arellano; a Héctor Hernández; y a Isidoro "el Chololo" Díaz. Todos ellos grandes jugadores, que formaron el Rebaño Sagrado de aquellos tiempos; qué honor conocerlos y recibir de mano de ellos un balón con sus firmas. Es una lástima que todavía no se usaran las *selfies*.

Poco después de esa gira, grabaste el programa especial para televisión en el Estadio Azteca antes de ser inaugurado. Ese día cantaron contigo Lucha Villa y "la Prieta Linda", que estaban en su mejor momento. En *YouTube* tienen algunos de los videos que quedaron de ese especial, porque, como tú sabes, muchos de los programas que grabaste se destruyeron con el derrumbe de Televisa Chapultepec en el terremoto del 19 de septiembre de 1985.

Casi fuimos nosotros los primeros en pisar la cancha del Estadio Azteca, y no sé de dónde surgió un balón y se armó una cascarita de aquellas entre mariachis, camarógrafos, productores y nosotros; ¡hasta Chucho Arroyo que llevó las viandas le entró al juego! ¿Recuerdas la historia de "El caballo blanco"?

...¿quieres que le componga una canción al mar?

¡Por supuesto! El caballo blanco era un automóvil Chrysler Imperial, modelo New Yorker, del año 1957. En un principio era verde, pero lo mandaste a pintar de blanco porque decías que en las carreteras era muy peligroso ese color al confundirse con la naturaleza.

La historia comenzó en Acapulco, estábamos en una habitación del hotel Club de Yates con mi madre y mi hermana Paloma. Afuera estaba cayendo una tormenta y no podíamos salir; yo tenía dos años y era uno de esos niños consentidos, enfermizos y llorones: tenía un poco de calentura y anginas. Para calmarme me decías:

—Hijo, para que no llores, ¿quieres que le componga una canción al mar?

Yo te decía:

—No, no, al mar no.

—Entonces, ¿quieres que le componga una a las gaviotas?

—¡No, a las gaviotas tampoco! —contesté enojado.

—Bueno, ¿entonces a quién quieres que le componga la canción?

Yo te respondí:

—¡A mi cuaco!

—Pero tú no tienes caballo —dijiste. En ese momento te señalé el coche, por eso es que yo fui el que le puso el nombre "caballo blanco" al automóvil.

Tiempo después iniciaste una gira con un empresario de nombre Miguel Aldrete, quien los abandonó cerca de Guadalajara llevándose los adelantos y las ganancias de la primera presentación.

Tuviste que empeñar el coche y, con el dinero que te prestaron, pagaste las deudas y convenciste a los demás artistas de continuar la gira. Entre los artistas estaban Chabela Vargas, Lola Beltrán, "Ferrusquilla", Tomas Méndez, Chava Flores, "el Charro" Avitia y Ema Elena Valdelamar. De la actuación salieron los gastos y mandaste a Benjamín Rábago (el noble jinete y tu secretario) a recoger el carro. Así empezó el recorrido, con miras de llegar al norte y saliendo de Guadalajara.

Cuando el corrido habla de que el caballo cojeaba de la pata izquierda, fue porque la llanta delantera se voló en la carretera yendo a gran velocidad, Benjamín Rábago controló el carro sin soltar la rienda y sin jalar el freno; entre Culiacán y Los Mochis ya se iba cayendo. Llevaba todo el hocico sangrando debido a un sobrecalentamiento que sufrió el radiador y comenzó a aventar agua a chorros, quemándole hasta los belfos al pobre caballo. El Valle del Yaqui le dio su ternura, porque ahí encontraron un pequeño taller donde el caballo agarró nuevos bríos. Llegaron hasta Hermosillo, luego a Caborca y en Mexicali, otra vez, volvió a fallar; subió paso a paso por la Rumorosa y llegó a Tijuana ya amaneciendo; luego partió a Rosarito y durmieron ya en Ensenada. Ahí se echó, pero a pesar de todo siguió su aventura.

Mis recuerdos de niño, mi amor por aquel automóvil y su historia me llevaron a escribirle otra canción a la que mi querido amigo Jesús Monárrez vistió con su talento musical y su incomparable voz, quedando así este nuevo testimonio de aquel "Caballo blanco querido":

CABALLO BLANCO QUERIDO*

Entre Tijuana y Jalisco
dejó su historia un corcel,
un Chrysler 57'
un automóvil tordillo,
de José Alfredo era él.

Se cuentan tantas historias
de si pasó, o no pasó,
se cambian dudas por glorias,
si su pata estaba rota
o si falló el radiador.

Caballo blanco querido
más vida te deje Dios
en los recuerdos de un niño,
en ese claxon equino
que el mundo escuche tu voz.

Caballo blanco querido
sigue corriendo hasta el sol
con brío gira tus llantas,
a rienda suelta cabalga
regresa a mi corazón.

Huellas dejó en Sinaloa
junto a promesas de amor,
crines que cruzan las sombras,
de tus bellezas Sonora
cuantas estrellas bajó.

En esa gira, pasamos por situaciones que ahora nos parecen cómicas, pero que en su momento pudieron ser de graves consecuencias. Antes de llegar a la Rumorosa, al salir de una curva nos topamos con un burro, Rábago metió el freno a fondo, pero alcanzó a darle un pequeño aventón al pobre animal que cayó justo frente a nosotros, rompiendo con sus ancas el faro delantero del automóvil. Después del incidente, el burro se levantó como si nada hubiera pasado y siguió su camino lentamente dando algunos reparos y rebuznando malhumorado. Rábago me comentó: "Hay que cambiar rápido el faro, porque en la noche pueden creer que somos una motocicleta y si es un tráiler, ya no la contamos".

Otro día, estando en la ciudad de Culiacán, dimos una función en un teatro que, aunque contaba con un buen número de butacas, tenía un escenario muy pequeño. El lugar estaba lleno hasta las manitas, traíamos un cartel de lujo: Lola Beltrán, "el Charro" Avitia, don Carlos Monroy con sus muñecos "Neto" y "Titino", el mariachi Los Gavilanes, y yo. "El Charro" Avitia, que desde muy joven padecía problemas de la vista, deslumbrado por los reflectores, no recordó las dimensiones del foro y al salir a cantar cruzó de largo todo el escenario cayendo al otro extremo sobre algunos materiales de utilería, y llevándose entre las botas de charro, por lo menos, tres o cuatro de los cables conectados a los micrófonos, que hicieron que se escuchara aun más estruendosa su caída.

"El Charro" nos contó esa historia, dijo que algunos se asustaron pero que la gran mayoría rio a carcajadas al verlo salir y meterse al otro lado del telón. También me comentó que se cambió de compañía disquera porque no lo dejaron grabar el corrido "El caballo blanco".

En 1960 "El caballo blanco" fue un tremendo éxito y reci-biste un enorme trofeo de dos pisos: en el primero un caballo

blanco, y en el segundo un charro dorado. Llegaste con él a la casa y me dijiste:

—Toma, esto es más tuyo que mío —, y me entregaste el hermoso trofeo que yo todavía conservo y que seguirá a mi lado por el resto de mi vida.

Y ya que estamos entrados hablando de coches, ¿recuerdas aquel día que llegaste a la casa en un Ford LTD plateado con placas americanas? Como la cantina de la casa estaba medio seca, me encargaste botellas, botanas y refrescos, prestándome el coche para que fuera por ellas a la tienda de abarrotes Las Moras, a unas cuantas cuadras de la casa.

 ¡Cómo no me voy a acordar, si me hiciste enojar y reír al mismo tiempo!

 ¡Pa' qué me encargas tus botellas! Yo estaba aprendiendo a manejar. Apenas di la vuelta en avenida Coyoacán, y ¡pácatelas!, que choco. Afortunadamente, había un teléfono en esa esquina y yo traía algunas moneditas y te pude avisar, porque la telefonía móvil en aquella época era solamente del Santo, quien le llamaba a Blue Demon desde su reloj de pulsera.

 Sí, pero cuando me dijiste que habías chocado con un barco, no podía parar de reír; eres el único sonso en toda la ciudad que choca con un barco.

 No me di cuenta de que el remolque que traía el velero se iba a frenar. Lo peor fue que era de fibra de vidrio y se le hizo un hoyo enorme, que, si ha estado lloviendo, se hunde.

Me acuerdo muy bien del dueño, un señor de apellido Ochoa. Cuando llegó a la casa y le invité una copa, me reconoció, se echó varios tragos, cantó, comió, estuvo feliz y al final ni me cobró.

¡Qué suerte la tuya! Te salió gratis.

¡No!, suerte la tuya, pues estuve a punto de darte una buena.

Seguramente como cuando nos pusimos los guantes de box porque me viste un ojo morado y, disque, me ibas a enseñar a defenderme. Pero como dice tu canción: "acabé contigo de un solo golpe".

¡Qué bárbaro!, me hiciste una fisura en una costilla y yo estaba de temporada en el teatro Blanquita. No podía ni moverme. Para ponerme el pantalón de charro me tenían casi que cargar entre Cipriano Cabello, "el Zorry", y Juanito Revueltas.

Mi mamá peleó mejor que tú: cuando se dio cuenta de que estabas lastimado, se me fue encima y me tumbó igual que al "Diablo Vega" de tu canción "Con la muerte entre los puños", dejándome fuera de combate.

Más fuera de combate te dejé yo cuando te quité tu domingo por todo el mes, como castigo. Y ahora que estamos hablando de ponerse los pantalones charros, recuerdo una vez que me encontraba en un teatro de San José California y había llegado el momento de abrir el telón; la sala estaba a reventar y se escuchaba hasta mi camerino al público gritando mi nombre. Eso me llenaba de angustia, porque todavía no podía salir. Mientras, desesperado, buscaba un alfiler de seguridad o algo que me agarrara el pantalón, ya que al agacharme para recoger el sombrero de la silla se me rasgó todo por detrás, el tiempo pasaba y la gente más se impacientaba, por lo que decidí quitarme la chaqueta de charro y echarme encima el sarape. Cuando por fin pude salir y le conté a la gente lo que me había pasado, todos comenzaron a reír, a aplaudirme y, algunos, hasta pedían que les mostrara el pantalón.

Igualito al pantalón de mi compadre Ricky Luis que ya tiene más hoyos que tela. A David Reynoso le pasó algo similar cuando fuimos a la Feria de las Fresas en Irapuato, y nos llevaste a comer hasta Rancho de en Medio en la sierra de Santa Rosa, entre Dolores y Guanajuato. David comió tanto que el pantalón ya no le cerró y, al querer cerrarlo a la fuerza, se rompió y tuvo que salir a cantar con la camisa de fuera.

Sí, ¡comió de todo! Es que don Socorro tiene la mejor comida casera de todo Guanajuato. A mí en Colombia por poco me pasa igual: le gustó tanto a la gente mi actuación en La Plaza de Toros de Santa María, al lado de don Pedro Vargas y el Mariachi Águilas de México, que comenzaron a arrojar sacos, sombreros, claveles y otras cosas al ruedo, como si se tratara de un mano a mano entre toreros; pero no me agaché a recogerlos. Me dio miedo de que me pasara lo mismo que en el teatro de San José California, pues nos habían ofrecido una gran comida y el pantalón apenas me entró. Por cierto, ese día estrené mi canción "Te solté la rienda"; le di los últimos toques en el Lobby-Bar del hotel en que me hospedaron en Bogotá, entonces llamé a Jesús

Rodríguez de Híjar para que la ensayara con el mariachi, y esa misma noche yo la cantara.

¡Qué padres historias!, ¡y cómo van creciendo, según la manera en que la gente las cuenta!, algunas se distorsionan hasta volverse mitos que muchos creen, y todos las cuentan como si ellos mismos hubieran estado presentes. No sabes cuántas marcas de carros me han dicho que era el caballo blanco: Ford, Cadillac, Buick. Ayer, Fernando de la Mora me preguntó si era un Mustang. También cuentan que el caballo pasó por un montón de pueblitos que no nombraste en tu corrido, y seguramente así fue porque, en ese tiempo, las carreteras atravesaban por el centro de todos los pueblos, y tenías que manejar por horas enteras para llegar a tu destino.

Te cuento que un día iba yo manejando sobre avenida Reforma y me di una vuelta a la izquierda; enseguida, un tamarindo en su motocicleta me detuvo y me preguntó:

—Jefe, ¿qué dicen los discos?

Yo amablemente le respondí:

—Muy bien, sobre todo el de *Cuando lloran los hombres* ha gustado mucho.

El agente de tránsito me contestó:

—¡No, ésos no!, los que señalan que está prohibida la vuelta.

De seguro te mordió, pero déjame seguir dando vueltas: hace unos días, Raúl Esquivel, locutor de Radio UNAM, me preguntó si era cierto que la canción "Un mundo raro" la habías escrito en la carretera a San Luis Potosí, un día en que ibas en tu vochito hacia Ciudad Valles. Que yo recuerde, nunca tuviste un Volkswagen.

Efectivamente yo nunca tuve un vocho, pero en esa carretera existe un lugar llamado El Valle de los Fantasmas, que tiene unas formaciones rocosas muy extrañas, y la neblina les da un aspecto como de un mundo raro; ahí nació parte de esa canción. Para inventar historias ya sabes cómo es la gente, y cuando quieren hablar, a veces hablan de más. Por ponerte un ejemplo, tu tío Nacho murió el 13 de octubre de 1953 en el hospital de PEMEX en la Ciudad de México por un coma diabético, pero un día en Salamanca me llevaron a la cantina donde aseguran que lo asesinaron de una puñalada; también cuentan que le dieron un balazo en una fiesta por culpa de una mujer, y a "la Tota" Carbajal le contaron que murió en un accidente en la carretera de Salamanca a Irapuato.

Pobre, solo le faltó resbalarse con una cáscara de plátano. Yo escuché a un guía de turistas contando a la gente que tú habías sido leñador en Dolores, pero que, como eras muy borracho, Paloma, mi mamá, te había abandonado y tú te fuiste a seguirla a México y que, buscándola, comenzaste a cantarle por la radio y así, sin querer, triunfaron tus canciones.

...a mí me gustan las rancheras, perfumadas y con falda

Tu mamá y yo nunca vivimos en Dolores, y luego, ¿leñador yo?, ésa sí no me la sabía. Yo había oído que de niño fui bolero y que andaba con mi cajón en la Colonia Santa María La Rivera, y que un día le había dado bola al ilustre poeta Salvador Novo.

 Solo espero que el maestro no te haya pagado la boleada con un "romance", ¿o sí?

 ¡¿Qué te pasa?!, a mí me gustan las rancheras, perfumadas y con falda.

 Espérate tantito, eso no es todo: en el panteón también está otro que se hace llamar "el Caporal". Saca fotos, canta, baila, vende discos y libros piratas; cuenta chistes, inventa historias, platica anécdotas y, lo peor de todo, es que a los turistas les ofrece cachorros con un certificado que dice que son descendientes del mismísimo perro negro.

 ¡Órale!, mira qué abusado salió "el Caporalito". ¿Y a poco le creen?

 ¡Si!, ya ha vendido camadas enteras de perros; solo falta que comience a vender personajes de todos tus corridos, como coyotes, palomas, caballos blancos, borregos, gavilanes, y hasta arañas panteoneras.

 ¿Sabías que Raúl Martínez, el que cuida el panteón, es fanático de la música tropical, y formó un grupo llamado La Sonora Pantionera, y él es quien toca las tumbas?

No sabía, pero qué chistoso. De seguro tocan puras para cortarse las venas. En una entrevista en Radio Reyna XEGE, Guanajuato, mi abuela comentó que te daba como desayuno dos pollas[1], y, por eso, otro guía de esos locales dijo que te desayunabas dos pollos con huevo y una botella de jerez con canela.

Como teléfono descompuesto. Mira que desayunar es lo que menos se me antoja, prefiero el almuerzo, ya como a la una de la tarde. A esa hora ya hasta un tequilita te entra. La gente siempre le quiere componer, hasta cuando un compositor tiene éxito dicen que es porque compra las canciones y juran que ellos conocen al viejito que se las vende.

¡Si! Ya me di cuenta de que esa historia se la adjudican a muchos de nuestros grandes compositores, ya ves cuántas mujeres dicen que ellas son las musas que inspiraron alguna canción y hasta las regalías quieren cobrar. En mi opinión, es por culpa de los mismos compositores: Martín Urieta dice que son muy hogareños, porque les gusta tener muchos hogares.

El cuatro de febrero de 1984 estaba grabando el concierto de mi madrina Lola Beltrán en el Palacio de Bellas Artes y, al pasar con ella a su camerino para hacerle algunos comentarios de la grabación, me presentó a "la Doña", María Félix, que estaba sentada tomando una copa de vino espumoso. Mi madrina Lola le comentó: "María, él es mi ahijado, hijo de mi compadre José Alfredo"; "la Doña" me observó de arriba a abajo con la ceja levantada y esa mirada penetrante tan suya que hacía temblar a cualquiera.

---

1   Bebida hecha con jerez, huevo y canela. (Nota del autor).

—Tu padre, ¡qué ojos!, ¡qué ojos! Fíjate que durante el rodaje de la película *Juana Gallo*, me dedicó la canción "Ella" y le pidió a Pedrito Vargas que me la cantara, le dijo: "Pon mucho énfasis en el verso que dice: 'Era el último brindis de un bohemio con una reina…'".

Me lo contó con tanta emoción que sus ojos se humedecieron con el recuerdo. No me cabe la menor duda de que era una gran actriz, pero yo pienso que tú le debes haber dicho que ella era la musa que te había inspirado la canción, porque la verdad estaba totalmente convencida; a mí, en cambio, me habías contado otra historia.

Sí, en realidad la compuse en 1948. Yo amaba a Cristina Fernández Rocha, era una parienta lejana. Pero ella me traicionó porque su verdadero amor era Edgardo, "el Gallo", un muchacho estudiante de leyes. Para su familia, él era mejor partido que yo. Cuando Cristina todavía era mi novia, me enteré por Hipólito, un amigo mutuo, que ellos habían festejado con un gran pastel su primer aniversario de novios. A Cristina le faltó valor para amarme, y yo *sentí que mi vida se perdía en un abismo profundo y negro como mi suerte…*

¿Y ya no la volviste a ver?

¡Claro que sí! En diciembre de 1951 me invitó a su boda, al fin éramos parientes lejanos. La gente me empezó a pedir que cantara, porque ya mis canciones se conocían, y yo les canté "Cuando el destino", que era la que estaba de moda; todos los asistentes aplaudieron con ganas, y más los que conocían nuestra historia.

Años después, no recuerdo con qué pretexto me fue a buscar al Teatro Blanquita.

CUANDO EL DESTINO[5]

No vengo a pedirte amores,
ya no quiero tu cariño,
si una vez te amé en la vida
no lo vuelvas a decir.

Me contaron tus amigos
que te encuentras muy solita,
que maldices a tu suerte
porque piensas mucho en mí.

Es por eso que he venido
a reírme de tu pena,
yo que a Dios le había pedido
que te hundiera más que a mí.

Dios me ha dado ese capricho
y he venido a verte hundida,
para hacerte yo en la vida
como tú me hiciste a mí.

Ya lo ves, cómo el destino
todo cobra y nada olvida,
ya lo ves, cómo un cariño
nos arrastra y nos humilla.

Qué bonita es la venganza
cuando Dios nos la concede,
yo sabía que en la revancha
te tenía que hacer perder.

Ahí te dejo mi desprecio,
yo que tanto te adoraba,
pa'que veas cuál es el precio
de las leyes del querer.

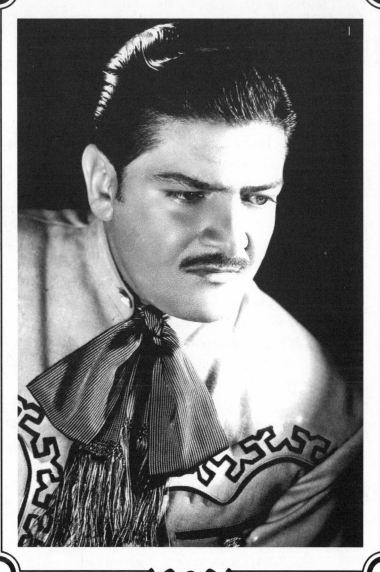

¿Has escrito más por decepción o por amor?

Es igual. ¿Cómo crees que escribo mis canciones? Las penas más grandes las debo a mis amores. "La araña", se la dediqué a mi última decepción; "Vacía" y "Te quiero, te quiero, te quiero" a un hermoso felino de Comitán; "Paloma querida", "Amor del alma", "Cuando sale la luna", "Cuatro primaveras", "A la luz de los cocuyos", "Qué bonito amor", "Cuatro caminos", "Serenata sin luna" y muchas más, a tu mamá; "Si tú también te vas", a tu hermana Paloma; "Camino de Guanajuato" a tu tío Nacho...

Hablando de esa canción, algunos de tus seguidores piensan que tiene muchas estrofas y que no todas están grabadas, ¿qué hay de cierto?

No, solo escribí una de más que fue la de Torres Mochas y San Miguel de Allende. Está en la grabación de CBS y en la grabación de RCA. Para que nos diera el tiempo que exigía la radio en aquellos días, tuvimos que quitar una estrofa y pensamos que esa era la más débil.

Sí, conozco esa versión, pero me dicen que hay otra para San Luis de la Paz.

Bueno, ése fue un verso que improvisé en un homenaje que me hicieron en San Luis de la Paz. Fue mucho tiempo después y no está grabado; dice así: "Me preguntaba un ranchero, ¿Jiménez pa' dónde vas? / Todo Guanajuato entero lo puedo yo caminar, / pero pa' serte sincero, ¡voy a San Luis de la Paz!".

Mi canción "Camino de Guanajuato" la ensayé primero en el bar del Hotel León y ese mismo día por la tarde la estrené en la plaza de toros La Luz de León, Guanajuato. Causó una euforia tan grande en la gente, que la tuve que cantar tres veces. A ese evento me acompañaron tu tío el Dr. José Antonio Gálvez, Benjamín Rábago, "el Obediente", Pepe Azanza y Antonio, "la Tota" Carbajal. Hubieras visto, "la plaza hasta el cielo llena".

Me contaste que, para la foto de la portada del disco, en el cerro del Cubilete se metieron al monte y un ranchero les gritó: "¡Sálganse que hay culebras!", y salieron volados.

Sí, ¡qué susto! Ahí dejamos tirada la cámara e Isunza tuvo que pagarle a un ranchero para que la sacara. Además de "Camino de Guanajuato" y "Cuatro caminos" escribí "Camino viejo", "Camino de Aguascalientes", "El camino de la noche", "El peor de los caminos" y, en España, compuse "Camino de Sacromonte".

Cuéntame de otra canción muy polémica: "Amanecí en tus brazos".

Toda la gente piensa que fue para Lucha Villa, pero en realidad nunca he dicho a quién se la escribí, porque esa mujer se casó después con un amigo muy querido del medio. A Lucha le escribí "Oí tu voz", "Viva Chihuahua" y "El cielo de Chihuahua". Ella es la intérprete que más canciones me ha grabado; deben ser alrededor de 100 temas o más y muchos éxitos se los debo a ella.

"Vidas iguales" o "Los dos iguales" la compuse una noche de 1968 en la barra de un hotel muy elegante, fue en una gira que

16

En una barra de un país lejano
estuve platicando muy bonito ...
Hablamos de un amor que ... imposible
pero que ... fue un amor por Dios como?

Se parecieron tanto nuestras vidas
que la empecé a querer mientras me hablaba
nos dijimos mil cosas sin mentir
y al salirme de ahí ya la adoraba.

Me contó de su amor y yo del mío
... que mientras a la muerte
pero si el alma no ... frío
2 corazones van a unir en uno ...

En una barra de un país lejano
nació el amor que estaba yo esperando
hablamos de ... lejos y sin lejos
y los dos nos quedamos ...
porque son nuestras vidas tan iguales
que ya nunca podremos separarnos

José ...

Caracas Venezuela. 1968.

17

hice a Venezuela, después de una rica plática con una bella, pero muy bella mujer, que le daba un aire a la actriz italiana Claudia Cardinale. Nuestras vidas tenían muchas cosas en común, eran muy semejantes.

¡Híjole!, entonces la muchacha debe haber sido traviesa hasta la pared de enfrente.

Pero qué chula estaba. La canción la grabó José Luis Rodríguez, "el Puma". "Dame un poco de ti" fue para Martha Arlette, la musa de Severo Mirón, "Sin luz", para mi amigo José Feliciano, quien, cuando andábamos de fiesta, me decía: "Tú toma José Alfredo al cabo de regreso yo manejo". "Con la muerte entre los puños" fue para José Becerra, pero también se la dediqué a Rubén Olivares, "el Púas", a quien admiro mucho.

A Julio César Chávez le encanta; me lo dijo cuando tú y él entraron a formar parte del Salón de la Fama en México, y me comentaron que, a Saúl Álvarez, "el Canelo", también le gusta. ¿"Muchacha bonita" se la hiciste a Fanny Cano?

No, pero me sirvió para muchísimas más; todas quieren ser muchacha bonita.

"Te necesito, amor", fue para Lilian Marcel; "Yo soy toluqueño", para un tío de Cristina Fernández que era de por allá; a Cristina, además de "Ella", le hice "Pobrecita" y "Ella volvió"; a María Félix "Que digan María" y "La bandida"; "Siempre" fue para mi querido amigo, el destacado periodista José Pagés Llergo, fundador de la revista *Siempre*; él es el padre de tu amiga Beatriz Pagés, secretaria de Cultura del PRI. "Extráñame" y "Un pedazo de luna", las compuse para Tere Villa; "Yo", a una guapa húngara que me leyó la mano en una calle del centro de la ciudad, y que me dijo: "Güero, veo que estás profundamente enamorado, pero no eres correspondido. Además, leo que en poco tiempo vas a ser muy famoso y ella se va a arrepentir, y hasta te va a rogar". "Bonito caballo blanco", me la pidió el director Alberto Mariscal para la película *La chamuscada*; "La Cruz del amor", fue para Elvira Quintana. Esa canción yo nunca la grabé; la única grabación que existe es la de don Pedro Vargas en vivo desde el Carnegie Hall de Nueva York.

¿Entonces no grabaste todas tus canciones?

Pues no, me faltaron algunas como: "La cruz del dolor", "Contestación a tu recuerdo y yo", "Adiós ingrata", "Contestación a la traidora", "Sin luz", "La araña", "La noche no era de nosotros" y "A buscar la muerte", que hice inspirado en el valor de los pilotos del Escuadrón 201 de la Fuerza Aérea Mexicana, quienes, en 1945, participaron en la Segunda Guerra Mundial después de que submarinos alemanes hundieran en el Golfo de México a los buques petroleros "Potrero del llano" y "Faja de oro".

Yo ya tenía la versión de "A buscar la muerte" con Miguel Aceves Mejía, pero mi amigo Jonathan Clark, investigador del mariachi en Estados Unidos, me consiguió otra con Las Hermanas Huerta en la fonoteca de la Universidad de Los Ángeles.

Ésa es muy buena también. "Contestación a la traidora", la grabó Lola Beltrán, "Contestación a tu recuerdo y yo", Virginia López, "Sin luz", Yolanda del Río, "Vidas iguales", como ya te dije, "el Puma". Por otra parte, de "La araña" sí hay muchas versiones, pero la que más me gusta es la del "Charro" Avitia. Tú me pediste "El perro negro" para nuestro perro Nixon, y la historia la ubiqué en el hermoso estado de Michoacán. "El 15 de septiembre" es para mi pueblo adorado Dolores Hidalgo y para honrar a nuestros símbolos patrios.

No te imaginas lo bonito que se pone en Dolores el 15 de septiembre. Al terminar nuestro himno nacional, se escucha tu voz a todo volumen cantado tu tema y comienza la pirotecnia: todo el pueblo la canta contigo y el que lo escucha siente que el corazón se le sale. En el 2015, el gobernador Miguel Márquez Márquez nos invitó a la cena de gala y a la ceremonia del Grito de Independencia que ese año dio la secretaria Rosario Robles. Ella es la segunda mujer que tañe la campana y lanza los "¡Vivas!" a los héroes que nos dieron patria y libertad. Ahora cuéntame algo de "El rey": ¿una parte la escribiste en el restaurante Arroyo?

Sí, "El rey" es en realidad mi vida: la piedra en el camino, el consejo del arriero… Cuando sientes que los años te van dejado afuera y que al amor bonito le tienes que soltar la rienda, tratas de sacar juventud de tu pasado y te das cuenta de que solo te queda la experiencia, pero ésa es la que manda, con dinero y sin dinero: tu palabra es la ley.

"Buena o mala" se la hice a un celoso amor, que, en uno de sus arrebatos, con una navaja me desgarró todo el traje; por eso

dice: "tú lo mismo das un beso, que das una puñalada". Sobre
"Llegando a ti": venía desde el otro lado y la distancia se me hacía eterna. Pasamos Monterrey y ya fue imposible sacarla de mi
mente. Al llegar a León solo pude pensar en sus besos secretos:
qué bonito es querer como quiero yo y entregarse todito completo. Así nació "Poco a poco" y quedó como tema principal de
la película *La bandida*, interpretada por Marco Antonio Muñiz.
Si te das cuenta, más del 70% de mis canciones hablan de amor.
Qué te puedo decir de "Si nos dejan": la hice cayéndome de enamorado. Primero se la canté a mi esposa Paloma, después a todas las mujeres, y se las canté tantas veces, que de todo lo demás
nos olvidamos.

Por ahí alguien me dijo que se la hiciste a Columba Domínguez.

Cuando alguien te hace sentir que estás en un rincón cerca del
cielo, qué importa el nombre, o el color del pelo; sus besos y lo
que hagan con las nubes es lo que cuenta.

Con razón dice mi mamá que te portas muy mal. Y estoy seguro
de que cada día crece más tu número de enamoradas. "Si nos
dejan" es una de tus canciones más grabadas.

"Yo sé que soy lo peor" y también "El hijo del pueblo" reflejan mi
vida. "Arrullo de Dios", la compuse para mis hijos cuando com-
pramos la casa de Gabriel Mancera, en ese jardín interior donde
coloqué la cantina; por el tragaluz, según la hora del día, entraban la luna y el sol. Después, tuve que poner un vitral porque,

cuando nos amanecía, pegaba el sol tan fuerte que teníamos que salir corriendo todos como vampiros.

Pegaba duro el draculazo, ¿verdad? Pero dime: ¿para cuáles hijos la hiciste?, porque con eso de que te dicen "José Alfredo Diógenes...".

¿Diógenes?

Sí, por eso de que dio genes aquí y dio genes allá.

Para nada, solamente son ustedes dos y los Jiménez Medel, que tú conoces.

Menos mal, salió barato, porque con los métodos anticonceptivos de la época, creo que el mejor era el del salto del venado.

¡Qué venado, ni qué venado! Mira tú, en estos tiempos que hay pastillas pal' otro día, preservativos de colores, de sabores, con texturas y miles de inventos más, tú andas casi igual que yo.

Bueno, tienes razón, tú tienes cinco hijos, yo cuatro, pero contando a mi perrita Melody son cinco, así que el marcador es el mismo. Déjame enseñarte algo de lo que yo he escrito para mis niños María de Lourdes, José Alfredo III, Ángel Eduardo, mi pequeñita Verónica Sofía, y ahora también a mi nieta, tu bisnieta, Manola Jiménez.

CRECERÁS[6]

Muñequita de ojos negros,
quiero verte sonreír,
chiquitita, ángel del cielo
que me has hecho tan feliz.

Princesita de mis sueños,
reina de mi realidad,
tan traviesa como el viento,
carrusel que viene y va.

Y crecerás, crecerás
dejando los cuentos de hadas,
pequeño tornado que arrasa,
que llena de dulce mi ropa y mi casa.

Y crecerás, crecerás
dejando un rincón a tu infancia,
buscando un mañana apurada,
y estás en mis brazos durmiendo
cansada, cansada.

Un rayito de la luna,
una estrellita del mar,
vas creciendo entre las flores
sin saber lo que es maldad.

Princesita de mis sueños,
reina de mi realidad,
tan traviesa como el viento,
carrusel que viene y va.

Y crecerás…

LA IMAGINACIÓN[7]

En el planeta pastel,
anda suelto un dinosaurio,
va camino al carrusel
con dos ángeles y un pato.

Lleva el hada un caracol
al lago de chocolate,
pues la luna tapó al sol
asustando al tío mapache.

La imaginación es un avión
que entre sueños va volando,
y al cerrar los ojos ves
globos mágicos caer
y unicornios cabalgando.

La imaginación es un avión
que navega en todos lados,
arcoíris de cristal
que en triciclo llevará
a los niños por el teatro.

El gato le dijo al pez
que, en un cuento, había una vez
princesitas de ballet
en palacios encantados.

Por las nubes de cereal,
hay que viajar en cometa,
y en Saturno patinar
con tus ruedas de galleta.

Muy lindas, con todo el amor de un padre. Recuerdo aquella tarde de 1962 cuando llegué a la casa con algunas fracturas en el alma y arrastrando el corazón, mientras tu hermana Paloma me preparaba algo de comer porque tu mamá aún no llegaba. Yo te miraba jugando con el perro y escribí para ti este poema que titulé "El niño y el perro".

Aquí lo tengo tal y como lo escribiste esa tarde, de tu puño y letra.

EL NIÑO Y EL PERRO[8]

El niño y el perro corrían como locos,
eran casi, casi de la misma edad:
el niño siete años, el perro seis meses,
y eran dos amigos grandes en verdad.

El perro lo muerde, el niño le pega,
pero cuando corren juntitos los dos,
como dos criaturas que no saben nada,
se van acercando poco a poco a Dios.

Ladridos y gritos están confundidos,
el perro y el niño se dejan oír,
y yo, que disfruto de aquellos momentos,
no sé qué quisiera: llorar o reír.

El perro es el perro, el niño es mi niño,
y aunque yo quisiera poderles mentir,
el niño y el perro jueguen como jueguen,
quiebren lo que quiebren, me hacen muy feliz.

Gracias, de verdad muchas gracias, papá, porque a quien sigues haciendo muy feliz es a mí. Por esos días, Paloma y yo recibimos nuestra primera comunión en el Convento de Tecoyotitla

El niño y el perro
corrían como locos
van casa casi
de la misma edad,
el niño 7 años
el perro 6 meses
y eran 2 amigos
grandes es verdad

El perro lo muerde
el niño le pega
pero cuando corren
juntos los dos
como 2 criaturas
que no saben nada
se van acercando
poco a poco a Dios.

Ladridos y gritos
están confundidos
el perro y el niño

se dejan oir
y yo que disfruto
de aquellos momentos
no se que quisiera
llorar o reir.

El perro es el perro
el niño es un niño
y aunque yo pudiera
poderlo medir
el niño y el perro
jueguen como jueguen
jueguen lo que jueguen
hace me hacen muy
feliz

y, aunque la ceremonia se alargó un poquito, el desayuno que nos prepararon las monjas quedó muy rico y lo disfrutamos en compañía de nuestros padrinos Alfredo Leal y Lola Beltrán. Aquí hay algunas fotos que nos tomó tu querido amigo don Carlos Isunza, fotógrafo que hacía las portadas de tus discos y tus fotografías de promoción.

¿Recuerdas que al poco tiempo fuimos a Tehuacán, Puebla y que en el cuarto había una araña?

¡Cómo no me voy a acordar de ese animal!

Sí, yo te dije: "Oye papá, hay una araña en el baño", y tú me contestaste: "Pues mátala". Yo te dije: "¡No!, ¡mátala tú!", y me respondiste: "Qué miedoso eres". Y entonces entraste al baño armado con un ejemplar de la revista *Ja-ja*, pero cuando viste el tamaño de la araña no te quedó más que decir: "Mejor que nos cambien de cuarto y que traigan a un cazador para que la mate".

Me acuerdo y se me enchina la piel; ¡hasta las chiquitas te hacen ver tu suerte!

Pues ahí te va otra de cazadores: el Padre Zaizar, hermano de Juan y David, organizó una cena en casa de sus sobrinos (Juan y Laura) en Guadalajara, a la que llegó tu comadre Amalia Mendoza, "la Tariacuri", vestida con un abrigo largo de piel de leopardo con *mink* en los puños, el cuello y en todos los bordes. También llevaba botas de piel de leopardo y terminación en *mink* y, para acabarla, ¡el gorro era idéntico al abrigo! Al verla, tuve que hacerle el comentario: "¿Amalita, no te da miedo salir así a la calle?". Ella me contestó: "Sí, mijito, ¿verdad? ¡Los ladrones!", "No Amalita: ¡los cazadores!". Ya nomás me dijo: "Muchacho cabrón".

Hasta el perrero se la pudo haber llevado a vacunar. Yo cómo disfruté llevándote a mis giras. Acuérdate cuando me tiraste mi *whisky* en el Hotel Nacional de Colima: yo te estaba vigilando desde la puerta del cuarto en el segundo piso, cuando vi que te caíste.

Yo no me había dado cuenta, hasta que oí tu voz que venía como del cielo diciendo: "Mejor se te hubiera caído un ojo". ¡Qué gacho!, me resbalé con las botas que me compraste en la feria de León y ni siquiera me preguntaste si me había dolido.

Me dolió más a mí que pagué el *whisky* doble. Pero cómo nos divertíamos burlándonos de todo, haciendo rimas y cantando parodias de las canciones de moda. Recuerdas aquel domingo que llegamos a comer a la casa del señor Vallejo y la más pequeña de sus hijas dijo: "Ya llegó 'Jotial'". ¡Cómo me reí de ti! Pero cuando la niña me vio, y dijo: "Y también viene 'Jotialpedo'". Toña "la Negra", que estaba ahí, se atacó de risa y me repitió "el Jotialpedo" hasta cansarse. Por eso me paré de la mesa del comedor y me fui a la de billar a jugar con "Resortes" y con Carlos Lico.

¡Y qué bien jugaste! En carambola de tres bandas no los dejaste ganar una; todas te las llevaste tú. Mucha gente no sabe que eres coyote pal' billar, el dominó y el balero. Yo era bueno para el boliche. Con la bola Manhattan Rubber verde que me trajiste de Chicago por poco gano un torneo nacional en Mérida y, aun-

TÉMORIS ya.

TÉMORIS, YO NUNCA SUPE QUE ERAS
UN PUEBLO DE CHIHUAHUA,
TÉMORIS, SE ME ACABO LA VISTA,
PARA DECIR COMO ERES, NO ENCUENTRO
LAS PALABRAS.

ABUZASTE DEL CIELO AZUL QUE
TE COBIVA
ABUZASTE TAMBIEN DE LAS MONTAÑAS
Y TODAVIA EL GRAN DIOS PUSO EN LO
VERDE
COMO TRENZAS DE PLATA TUS CASCADAS.

TÉMORIS, YO NUNCA SUPE QUE ERAS
UN PUEBLO DE CHIHUAHUA,
TÉMORIS, EL QUE NO TE CONOZCA
EN ESTE MUNDO,
QUE SEA SINCERO Y QUE DIGA QUE
NO CONOCE NADA.

Agosto 1972

que nunca tiré un juego perfecto, tenía un promedio de más de 180 pinos por línea. Pero igual que tú al futbol, yo dejé el boliche por la música.

Déjame contarte de un viaje que hice con Lucha Villa, Talina Fernández, Humberto Cabañas y otros artistas a Chihuahua. Filmamos un programa de TV en El Chepe, el tren que recorre las barrancas del Cobre en la sierra Tarahumara: ¡qué hermoso recorrido! Y no sabes cómo la pasamos entre bromas, canciones, paisajes y recuerdos. Por cierto, uno de los conductores del tren, en Creel, me entregó esta hoja de papel con una canción y me dijo: "Tu papá escribió esto para Temoris[2]", y como vi tu firma y tu letra, le aseguré que sin duda era tuya. Me encantó ver el manuscrito, sentí que de alguna forma tú ibas conmigo en ese viaje.

Me vino a la mente cuando me festejaron mi cumpleaños número 41 en la casa de Gabriel Mancera. Fue una de las últimas veces que vi a mi amigo Álvaro Carrillo, con quien, a manera de juego, nos lanzamos un reto muy especial: yo tenía que componer un bolero, y Álvaro, una ranchera. Estaban como invitados y testigos Pepe Jara, Guillermo Infante, "el Chacho" Ibáñez, Alfredo Leal, Arturo del Pozo, Pepe Azanza, Ramón Inclán, Jesús Betancourt, Benjamín Rábago, "el Chaparro" Valenzuela, entre otros.

A mí no se me olvidan Juan "el Gallo" Calderón y Mario Molina Montes, que andaban brinque y brinque pegando letreros referentes a las preferencias sexuales de los que logran pasar los 41 años, como las aves que cruzan el pantano (sin mancharse). Tampoco olvido a Chucho Arroyo, que te trajo un camión lleno

2   Poblado de Chihuahua (Nota del Autor).

de comida. ¡Qué bárbaro!, ¡no dejaron de pasar botanas, y todas riquísimas! Pero, cuéntame, ¿qué pasó con el reto?

Bueno, pues Álvaro compuso "Machetazo mozo", también conocida como "Eso merece un trago", y yo, "Si nos dejan". Declaramos un glorioso empate y, además, nos tuvimos que tomar ese, más que merecido, trago.

Después de escuchar lo del reto, ¿podrías decirme cómo se compone una canción?

Yo no inventé
la borrachera

Pues, no sé, nunca le he preguntado a nadie. Pero déjame decirte una cosa: para que una canción salga redonda, tienen que nacer la letra y la música al mismo tiempo; además, es muy importante que lo que estás diciendo salga del alma para que, cuando se escuche, lo sienta el corazón: si quieres escribir de la feria, ve a la feria. No sabes cómo me han hecho sufrir mis canciones; me han dolido mucho. ¡Ahora, tienen que pagarme!

Tienes toda la razón, pero la música y la cantada a mí no me las heredaste; escribir la letra se me hace mucho más fácil. Ya ves en la escuela, cuando mis compañeros me pedían que les hiciera cartitas de amor para sus novias, me salían bien redondas y, aunque no tenían música, me pagaban con tortas y refrescos. Lo que no sabes, es que sacaba más lana con tus autógrafos, valían el doble. A ti todo el mundo te admira: mis amigos, los maestros. Arturo, el que cuidaba la puerta del Colegio Tepeyac del Valle, me dejaba entrar y salir a la hora que yo quisiera a cambio de uno de tus casetes. Muchos no entendían cómo siendo tan famoso tenías tiempo para jugar conmigo y, en algunas ocasiones, hasta para ayudarme con la tarea. Recuerdo una vez que me ayudaste: algunas de nuestras respuestas no fueron las correctas y el profesor me preguntó quién me había ayudado con la tarea. Yo le contesté que habías sido tú, y él, sorprendido, dijo: "¿José Alfredo Jiménez te ayudó a hacer la tarea? ¡Y yo cómo voy a reprobar a José Alfredo!".

 Si me quedó mal, fue porque aquel día no andaba yo inspirado.

 Entonces, si se te acaba la inspiración, ¿qué haces?

 Pues me regreso de mesero, pero, ahora, al Tenampa…

 ¡¿Al Tenampa?! Y luego no quieres que digan que eres "el Compositor del Alcohol", o "el Santo Patrono de las Cantinas".

 Yo no inventé la borrachera. Cuando yo nací, el pueblo ya era como era, y aquí a ninguna bebida le hacen el feo. Luego culpan a mis canciones por la cruda, pero el que es borracho, es borracho, y hasta cantando las de "Cri-Cri" le sabe echarse un trago.

 Sí, pero con "Llegó borracho el borracho" exageraste. De cuatro palabras dos están borrachas.

26

27

Por eso la prohibieron, pero no sabes lo bien que le fue: vendió muchísimo. Déjame te platico esta historia: hay una cantina, ahora llamada Salón Chuy, pero que antes se llamaba La Barra de Plata. En ese entonces estaba regenteada por Celso Ramírez, el clásico cantinero de camisa blanca, servicio rápido y sonrisa pronta que, en cuanto lograba una buena venta, decía: "¡Vámonos a otra cantina!". De ahí tomé la primera parte, y la segunda, de otra historia también real: yo supe de dos compadres que, a toda costa, querían pagar la cuenta del otro. Eran tan compadres y tan amigos, de toda la vida, que decidieron salir a la calle a darse de balazos: el sobreviviente pagaría la cuenta entera, misma que apenas montaba a $52.35. Pero eran tantas sus ganas de invitar al otro, que ninguno erró la puntería. Así quedaron dos mujeres viudas y una cuenta pendiente por pagar.

Lo mismo ocurrió con "Amanecí en tus brazos": la prohibieron, y, aun así, volví a ganar mucho.

No sé cómo te prohibieron "Amanecí…": ¡es un verdadero poema! Tienes que escuchar las versiones de Filippa Giordano y de La Autentica Santanera de don Gildardo Zárate.

En esa época, la Secretaría de Gobernación era muy estricta y moralista; había regentes, como Uruchurtu, que gobernaban con mano dura en el Distrito Federal. También me prohibieron "Vacía", aunque ésa aún no ha pegado.

¿Cómo?, si la gente dice que tú sacas una y te pegan dos.

¡Bueno fuera! Recuerdo que esa canción la estrené en un circo.

96

¿Porque estaba vacío el circo y se la cantaste a los animales y a los payasos?

No, el circo estaba lleno, lo que me extrañó porque yo nunca había trabajado en uno. Cuando llegué, me di cuenta de que tenían una jaula con diez leones y, mientras esperaba mi turno, no vi que los animalitos salían a hacer su número. Al final le pregunté al empresario por qué los leones no habían actuado y él me contestó que ese día descansaban, y que por eso me había contratado a mí.

Ya rugiste. Menos mal que no te comieron. Y ya que hablamos de comer, ¿cuál es la comida que más te gusta?

¡La mexicana! ¡Sin duda alguna! Las botanas de las cantinas, los calditos bien calientes, la barbacoa de pollo, el mole, los tacos sudados, el bacalao que hace tu abuela, las tortas de chicharrón, la cecina de mi pueblo, los panuchos yucatecos, los chiles veracruzanos rellenos de cazón que prepara tu mamá. La comida casera y sencilla es la que más me gusta. Recuerdo que, al principio de mi carrera cuando ya habían tenido éxito algunas de mis canciones, don Eulalio Ferrer me invitó a comer a un restaurante muy elegante. Entre los invitados estaba un periodista de sociales, uno de esos tan estirados que, cuando nos tomaron la orden de entrada, pidió "melón con jamón". En mi vida había oído eso, entonces, cuando el mesero se dirigió a mí, le pedí una jícama con chorizo. No te puedes imaginar cómo y cuánto se rieron todos los demás.

Ya me imagino la cara que habrá puesto el pobre periodista. Pero ahora dime, ¿qué es lo que no te gusta comer?

Son pocas las cosas que no me gustan. Desde niño me enseñaron a comer casi de todo. Sin embargo, las verduras ni en la sopa me gustan; las criadillas, el hígado y los anticuchos tampoco; el sushi y el arroz chino al vapor menos, porque me parece que estoy comiendo engrudo. Y otra cosa que ni verla puedo es el caviar: ¡yo no me voy a comer nada que salga de la cola de un pescado!

Hace algunos años, después del *after* de la fiesta de entrega de los Premios Ariel, de donde René Cardona III y yo salimos muy tarde, vimos al llegar a su casa que, en la cocina, habían dejado una olla con comida, sobre lo que René comentó: "Debe de ser uno de los guisos cubanos de mi abuelo". Lo calentamos y nos servimos un plato del rico caldito, que nos vino como caído del cielo. A la mañana siguiente escuchamos a la abuela de René gritando: "¡¡Quién se comió la comida de los perros?!". No lo podíamos creer.

Y cuando andabas de gira por otros países, ¿qué te gustaba comer?

Me adapto muy fácilmente, sobre todo en Centro y Sudamérica, porque la comida es parecida a la mexicana, y tienen cosas que sí me gustan. En España, aunque la comida es algo pesada, me encanta; además, como sea, en México estamos acostumbrados a la cocina española. Acuérdate de los platillos que comíamos en el restaurante La Gran Tasca: la paella y la fabada: ¡buenísimas! ¡Y qué gambas! En Estados Unidos, principalmente en Los Án-

geles, hay muchos lugares de comida mexicana y, cerca del teatro Million Dollar, está el restaurante Jacarandas, de Katita, una
linda señora que se casó con tu amigo Mario Gutiérrez, guitarrista y fundador de Los Ángeles Negros; ahí hacen muy buena
comida mexicana y me tratan como rey. Por cierto, ahora me
acuerdo la vez que me llevé a tu abuela a mi temporada de teatro, para que conociera Los Ángeles, le pregunté: "¿Qué quieres
comprar?, mamá, ¿hay algo aquí que te guste?". ¿Sabes qué me
contestó?: "Sí, mijito, quiero un radio". Joe Herrera, uno de mis
amigos de allá, nos llevó a la tienda de Larry, otro buen amigo,
para comprar el aparato (ahí también compré tu tele portátil a
color). Entonces mi mamá comenzó a verlos, pero como tarda-
ba tanto en decidirse, le pregunté: "¿Mamá, ya escogiste?, ¿cuál
te gusta?". "¡Ay mijito! Todos están muy lindos, pero muy caros",
me dijo. "Mejor me espero a que me lo compres en México.
Al fin y al cabo, ni hablo inglés".

Mi abuela que era puro pueblo, y tú con tantos viajes … ¿No le
tienes miedo a los aviones?

Solo cuando voy en ellos.

¿Y cómo lo controlas?

Con tragos de agua bendita.

Pero en los aviones no llevan agua bendita; llevan capitán no
capellán.

El árbol más
bonito de la vida,
es el árbol Madre,
no el árbol Padre.
Mamá yo soy tu rama
más débil, pero
quiero darte la fuerza
grande para que no
me falten nunca.

José Alfredo

¡los tequilas como los besos
se piden dobles!

 ¿No?, ¿y el tequila qué es? Nomás le falta un grado para ser agua bendita. Yo primero confieso a la aeromoza y luego le pido seis tequilas.

 ¡¿Seis tequilas?! ¿Qué quieres?, ¿ganarle al borracho borracho de tu canción?

 Ándale, ¡los tequilas como los besos se piden dobles! Un Padre Nuestro pal' valor y, como dijo el caballo del picador: "Mi abrigo y mis lentes de sol, que voy a los toros". Yo fui monaguillo dos veces: una en Dolores, de niño, y otra en la película del enmascarado, *Guitarras de media noche*. Por eso tengo derecho a ejercer como exorcista honorario. No sé cómo no se me ocurrió hacerte un exorcismo a ti que te apodábamos "el Ateo", pues no había forma de llevarte a misa o a dar gracias. Tenías como tres años y gritabas: "¡Al templote no!". Ni con grúa hacíamos que pusieras un pie en la iglesia.

 ¡¿Y cómo no?!, si desde el día que me llevaste a Puebla a ver al Señor de las Maravillas, me daba miedo. La verdad, no es una imagen bonita para un niño: ver a Cristo bañado en sangre. Es como en la película que hizo Mel Gibson, donde los romanos golpean tanto a Jesús que a ningún espectador se le antoja comerse sus palomitas.

37

38

Tienes razón. De todos modos, ni comprando un costal de indulgencias sales bien librado: tan latoso que eras. Acuérdate de cuando tiraste una piedra desde el segundo piso de El Palacio de Hierro Durango hacia el departamento de perfumería; afortunadamente entre el escándalo y la confusión no se dieron cuenta qué había pasado y Benjamín Rábago, mi secretario, como de rayo, te sacó cargando. De no haber sido por él, quién sabe cuánto me habría costado tu chistecito. A las tiendas sí te gustaba ir; siempre y cuando, claro, te comprara juguetes. Desde muy niño te encantaron los aviones y los carritos. En una ocasión te compré, en la juguetería Ara de Insurgentes, un avión pequeñito, aunque a ti te había gustado uno enorme. Cuando te vi salir abrazando el avioncito con lágrimas en los ojos, me regresé y te compré el grandote.

 Gracias, padre consentidor. No sabes cómo lo disfruté: me montaba en él. Aquel avión y un camión rojo que tenía un cañón eran mis preferidos. Recuerdo que ya me estaba quedando sin balitas para el cañón, cuando, en el baño azul del cuarto de visitas, encontré una cajita que decía Tampax y los pequeños envoltorios quedaban perfectos; los disparaba a mayor distancia. Cuando mi mamá se dio cuenta de que yo estaba ganando la guerra con toallas sanitarias, me decomisó todo el confiable e higiénico arsenal.

Por otro lado, te cuento que un 24 de junio de 1994, Alma Domínguez, hija de Alberto Domínguez, compositor de las canciones "Perfidia" y "Frenesí", invitó a un grupo de hijos de compositores a San Cristóbal de las Casas, Chiapas, para la inauguración de un teatro que lleva el nombre de su padre. A mí me tocó ir acompañado por el hijo de Álvaro Carrillo y el de Chucho Monge. Pero antes de abordar nos dijeron que el avión había sufrido un desperfecto: ¡hubo una demora de más de cuatro horas y media! La aerolínea nos dio vales de comida y cortesías para el bar que, evidentemente, usamos hasta el último trago: así la espera se nos hizo muy amena. Cuando el avión quedó totalmente reparado y pudimos abordar, ya era tarde. Al aterrizar en Chiapas, la persona del H. Ayuntamiento que nos esperaba, pidió que nos vocearan. La sorpresa de la gente fue mayúscula al escuchar nuestros nombres: "Chucho Monge, Álvaro Carrillo y José Alfredo Jiménez, favor de pasar a la oficina de control". Se hizo una pelotera para vernos y alguien dijo: "Ese avión ha de venir del cielo". "Bueno, todos los aviones vienen del cielo", replicó otro, "¡Sí!, ¡pero éste … ! Solo que lo venga piloteando Dios, porque parece que viene del más allá".

Los trajes de charro, papá, ¿quién te los hacía?

Vestir de charro, no cualquiera; portar el traje de charro es un compromiso con México, traducido en orgullo y respeto. Para mis presentaciones siempre llevo el traje de gala con botonadura o el grecado sobre gamuza. El maestro Samuel Morales me hizo algunos de mis primeros trajes; su trabajo me lo recomendó Pedro Infante. Samuel tenía su taller allá por el rumbo de La Villa y hacía unos bordados en hilo de oro y plata que eran la envidia de todo el mundo. Otro que me hizo trajes muy elegantes fue el maestro don Antonio Arreola; su taller todavía está a unos pasos de La Plaza Garibaldi en República de Ecuador. A él se le conocía como "el Christian Dior de los trajes de Charro"; imagínate lo bueno que era.

Sí, porque ahora he visto a algunos que nada más les falta ponerles foquitos o llenarlos de logotipos y marcas comerciales, como las camisetas de los futbolistas. Tanto así que un día una persona me preguntó dónde podía comprarse un disfraz de Mariachi.

Qué lástima que no se respete el traje de charro y no le den su lugar a nuestro mariachi, el cual fue nombrado en noviembre del 2011 Patrimonio Inmaterial de la Humanidad. Otros que hacen muy buenos trajes de charro son los maestros de Casa Torices; ellos están por el barrio de Tepito. A mí me hicieron unos sombreros espectaculares. Ellos eran, nomás, los que vestían a Jorge Negrete.

¿Cómo conociste a nuestros grandes ídolos Pedro Infante y Jorge Negrete?

Fue gracias a mis canciones. A Pedro lo conocí el 17 de agosto de 1950, en los estudios de la compañía de discos Peerles. El ingeniero Guillermo Knorhauser me invitó a presenciar una de sus grabaciones. No lo podía creer: estaba viendo en persona al ídolo de México, mi ídolo, grabando los éxitos que, en unos días, estarían sonando en todas las radiodifusoras del país. Además, dos de esas canciones eran mías: "Ella" y "Cuatro caminos".

Cuando Pedro entró a la cabina del estudio, al verme, dijo: "Mire nomás, y éste es el muchachito que escribe esas cancionzotas". Luego me dio un abrazo tan fuerte que por poco me deja sin aire. Ese día nació nuestra gran amistad.

Con Pedro trabajé muchísimo; hicimos una serie de 25 programas juntos. Él sufría mucho por la popularidad: no podía salir

Todos los Miércoles a las 9 de la
Noche por X.E.Q. y la gran
CADENA AZUL, presentando a

PEDRO INFANTE

¡AH! VIENE
MARTIN CORONA!
¡La Serie Radiofónica
más SENSACIONAL!
¡Las Aventuras Extraordinarias
de un Personaje con Simpatía Arrolladora! ¡Costumbres de
México! ¡Hombres de México! ¡Canciones de México!

CORTESIA DE

Corona

LA CERVEZA MAS FINA

TODOS LOS MIERCOLES A LAS 9 P.M. POR XEQ Y CADENA AZUL

a la calle porque la gente se le echaba encima. Cuando íbamos a su casa, nos sentaba en una silla de peluquería y, mientras platicábamos, nos cortaba el pelo; le encantaba hacerla de peluquero, cosa que, además, hacía muy bien. Parecía niño; gozaba ponerse a jugar con sus trenecitos eléctricos. Pedro y yo teníamos algo en común: su mamá se llamaba Refugio ("Cuca"), igual que mi tía, que es como mi segunda madre. Los dos coincidimos en muchas giras, en controles remotos, en programas de radio y en el cine. En sus películas me grabó 22 temas y, en sus discos, 44 canciones, incluyendo las que me encargó para *Los gavilanes* e *Islas Marías*. Por cierto, mientras se filmaba la película *Martín Corona*, él me pidió un tema para una noviecita a quien de cariño llamaba "Ratoncito"; se trataba de la guapísima Irma Dorantes. Ratoncito no era un apodo muy inspirador, entonces, le escribí "Despacito"; así él podía sustituir "despacito" por "ratoncito".

 A Irmita le encantó, lo dice en uno de sus libros. Qué chistoso que Pedro te haya pedido el tema "Islas Marías" para la película, y que no la cantara. Más bien cantó "El cobarde". Y el tema "Martín Corona", siendo un éxito, nunca lo grabó, en la película eres tú quien lo interpreta.

Comencé a tener éxito a mediados de 1950 y Jorge murió en diciembre de 1953, por eso solo alcanzó a grabar ocho de mis canciones

Es verdad, es extraño, pero así fue. A Jorge Negrete lo traté muy poco, pero lo admiré muchísimo; él fue de los primeros en escuchar mi canción "Paloma querida". La estaba grabando en 1952 para regalársela a tu mamá, pues estábamos con todos los gastos que tienen los recién casados y había poco dinero para comprarle un regalo. Pensaba llevarle el disco cuando Jorge me pidió grabarla. Le dije que la canción era de mi esposa Paloma, que le pidiera permiso a ella, entonces Jorge la llamó por teléfono. Creo que ese fue el mejor regalo, porque al volver a la casa ella seguía emocionada por la llamada; es como si ahorita te llamara Alejandro Fernández. Comencé a tener éxito a mediados de 1950 y Jorge murió en diciembre de 1953, por eso solo alcanzó a grabar ocho de mis canciones.

A mí me tocó grabar los temas de despedida para estos dos gigantes: a Jorge, "Adiós al Charro Inmortal", con varios intérpretes, entre ellos "la Tariacuri", Luis Aguilar, Emilio Tuero y Demetrio González, acompañados por el Mariachi Vargas, el Trío Calaveras y otros elementos dirigidos por el maestro Manuel Esperón; y a Pedro "El adiós a Pedro Infante", con las hermanas Huerta y el mariachi Los Mamertos, dirigidos por don Felipe Valdez Leal.

Los que han grabado varios temas tuyos y míos son los nietos de Jorge: Rafael y Lorenzo Negrete, que cantan muy al estilo de su abuelo. Rafael está haciendo una nueva versión de "Paloma querida" para una película que están produciendo Rodrigo Vidal y Sergio Reynoso, hijo de "el Mayor", David Reynoso.

No sabes cómo me acordé de ti, porque en el ensayo a Rafa se le olvidó parte de la letra igual que a ti el día que la cantaste en

el estadio de beisbol Ruperto S. García de Córdoba, Veracruz; la tierra en donde nació mi mamá.

 Se me olvidó y me quedé pensando, pero como no me acordaba de la letra, suspirando murmuré: "Así me traes, Paloma" y me aplaudieron tanto sus paisanos, que ella se sonrojó cuando todos la voltearon a ver.

Paloma querida[9]

Por el día que llegaste a mi vida
Paloma querida me puse a brindar,
y al sentirme un poquito tomado
pensando en tus labios
me dio por cantar.

Me sentí superior a cualquiera
y un puño de estrellas te quise bajar,
y al mirar que ninguna alcanzaba,
me dio tanta rabia que quise llorar.

Yo no sé lo que valga mi vida,
pero yo te la vengo a entregar,
yo no sé si tu amor la reciba,
pero yo te la vengo a dejar.

Me encontraste en un negro camino
como un peregrino sin rumbo ni fe,
y la luz de tus ojos divinos
cambiaron mi suerte por dicha y placer.

Desde entonces yo siento quererte
con todas las fuerzas que el alma me da,
desde entonces, Paloma querida,
mi pecho he cambiado por un palomar.

Yo no sé lo que valga mi vida,
pero yo te la vengo a entregar ,
yo no sé si tu amor la reciba,
pero yo te la vengo a dejar.

"mira 'Muñe', aunque te ofrezcan mucho dinero, nunca me des el divorcio, porque de mis regalías les va a tocar hasta a mis nietos"

¡Mañoso que eres, te sobran tablas! Tú le escribiste a mi mamá "Paloma querida", que es una declaración de amor del bueno. ¿Me permites mostrarte algo que yo le escribí a tu Paloma? Ella te sigue amando, aunque algunas veces no quiere oír tus canciones y me dice que estás vetado por algún enojo que tuvieron en los años 50 o 60. De cualquier modo, te aseguro que ella sigue fiel a sus votos.

¡Sí te creo! Un día le dije: "Mira 'Muñe', aunque te ofrezcan mucho dinero, nunca me des el divorcio, porque de mis regalías les va a tocar hasta a mis nietos".

Qué razón tenías. El que diga: "Que en paz descanse", qué equivocado está; tú sigues siendo "el Rey". Déjame contarle a la gente quién es nuestra Paloma querida. El nombre de Julia nunca le perteneció. Tampoco formó parte de ella. Desde muy temprana edad, su abuela Felipa comenzó a llamarla Paloma y, más tarde, cuando conoció a José Alfredo, su nombre anidó en el alma musical del joven poeta, quien vio luz en sus ojos. Paloma nació en Córdoba, Veracruz, un 17 de diciembre y en algún momento de los años veinte. Es hija de Arcadio Gálvez y Bárbara Aguilar. Vivió la belleza y el sabor de la provincia al lado de sus hermanos Celia, Arcadio, Carmela, José Antonio y Bárbara. Estudió la escuela primaria y algunas clases particulares, que eran obligatorias para las señoritas de la época, aunque ella prefería salir a correr en la niebla, jugar con su perro Yoli, colarse en un huerto cercano a cortar fruta y sin importarle que la correteara un enorme guajolote guardián que ahí habitaba. También le gustaba picar pequeños trozos de plátano para su mirlo primavera, pájaro que aprendió a decirle "Pama", como mucha gente la llama de cariño, o bien, salir a mojarse con el "chipi, chipi" que hace que toda su linda tierra se vista de verde.

A finales de los años 40, junto con su madre, llegó a la Ciudad de México para hacerle compañía a su hermano José Antonio, quien había ingresado a la escuela de medicina en esa "Babilonia", como bien decía don Arcadio. Celia, ya casada, vivía cerca de ellos y fue en su casa en donde Paloma y José Alfredo se conocieron. En cierta forma, por medio de ella surgió el romance del que nacieron tantas canciones: "Cuatro caminos hay en mi vida / cuál de los cuatro será el mejor, / tú que me viste llorar de angustia / dime Paloma por cuál me voy…", cantaba José Alfredo. Y todos ustedes ya saben por cuál se fue.

Mamá[10]

Es tan difícil, casi imposible
escribir cuando se quiere decir tanto,
escribir a quien te dio la vida
y te la sigue dando.
Cada vez que pienso en ti,
mis palabras tropiezan con el corazón.
Cada vez que quiero hablar de ti,
de mis sentimientos cuelga alguna lágrima.
Qué fácil es decir "te quiero",
pero qué difícil es decírtelo como yo quiero.

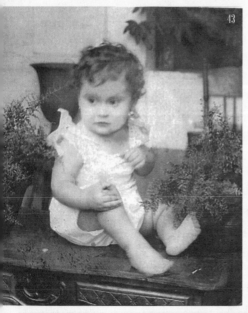

Ésta es la canción que le escribí cuando cumplió 90 años. La música es de Jesús Monárrez, quien la interpretó ese día con tanto sentimiento que ella, y la mayoría de los presentes, terminaron quitándose basuritas de los ojos.

 Ya había oído buenos comentarios de tu canción, sobre todo el del maestro Eduardo Magallanes, quien se ofreció para hacer el arreglo musical.

Cuántos recuerdos, Paloma"

Paloma siempre querida,
Paloma de un solo nido,
amor del alma escribió
el que siguió tu camino.

Paloma, en noches de amor,
tu vuelo llegó hasta el cielo,
puños de estrellas te dio
con tanto amor José Alfredo.

Cuántos recuerdos, Paloma,
luces que no se apagaron,
luz de tus ojos divinos, Paloma,
ojos que al rey inspiraron.

Cuántos recuerdos, Paloma
cuenta tu historia de amor
que amaneció entre tus brazos
aquel gran compositor.

Por tu belleza, Paloma,
el mundo es un palomar,
musa de tantas canciones,
musa de tantas canciones
siempre serás inmortal.

¿Y qué tal el comentario de mi mamá? Dijo que le gustaba más mi canción que la tuya, porque tú eras muy mentiroso.

¿Mentiroso yo?, de lo que abunda el corazón, habla la boca. A ver quién es más mentiroso: ¿qué le has escrito a tu mujer?,¿cómo fue que la conquistaste?

Pues le dije que era compositor; mi Verónica está entre las líneas de muchas de mis canciones. La conocí en Televisa San Ángel mientras realizaba un comercial como modelo para una compañía de teléfonos celulares. La vi con el corazón, como Romeo a su amada: le iban perfectos los *jeans* a su piel con los tacones de Prada. "Flores y besos caían a sus pies cuando cruzamos miradas". Ojos de ángel.

A mi rompecabezas le hacía falta una pieza, un pequeño detalle, la caricia de un baile, la sonrisa de un ángel y ella es la pieza que encaja perfecto en el rompecabezas de mi vida. Su padre, Jorge, cuando me entregó su mano me comentó: "Su belleza interior brilla más que la que ves por fuera". Al poco tiempo, Jorge tomó el camino de la noche para cuidarla desde las estrellas.

Ahora yo no puedo vivir sin su amor, sin mirarla en cada amanecer, sin sentir en mi alma su piel y, mientras el mundo siga dando vueltas, yo voy a amarla hasta quedarme sin ninguna fuerza.

OJOS DE ÁNGEL[12]

Caí en lo más profundo de tus ojos,
dejé empeñado en ti mi corazón,
tus besos como imán me tienen preso,
preso de lo más bello que un día me pasó.

Contigo la atracción es inmediata,
no puedo contener está pasión,
las flores junto a ti no son perfectas,
seguramente es cosa, es cosa del amor.

Ojos de Ángel,
cómo voy a vivir yo sin ti,
cómo puedo vivir sin tu amor,
sin sentir en el alma tu piel,
sin mirarte cada amanecer.

Ojos de Ángel,
solo quiero tus labios sentir
y vivir este cuento de amor,
donde un ramo de estrellas alumbre
el destino de mi corazón.

RODÉ POR ESPAÑA[13]

Cayó la noche y el sol,
que no quería dormir,
junto a la luna brillaba.

El viento con el calor
bailaba algo sensual,
Madrid abría sus Terrazas.

Entre perfume y alcohol
flotaba un trozo de amor
cuando sentí tu mirada.

Iban perfectos los *jeans* a su piel
con el tatuaje a la espalda,
flores y besos caían a sus pies,
yo entre sus brazos rodé por España.

Iban perfectos los jeans a su piel
con los tacones de Prada,
el paraíso lo tuve a mis pies,
yo entre sus brazos rodé por España.

Seguí su juego de amor
desde Toledo a Gijón,

48

49

50

y al despertar me golpeó la distancia.
Regreso al mismo lugar,
de nuevo vuelvo otra vez
con los bolsillos llenos de nostalgia.

Sin esperanza tal vez
quiero volverla a tener,
y entre sus brazos rodar por España.

Vaya, parece que algo se te pegó. ¡Y cómo no!, ¡si agarraste como maestro a "la gloria de Guanajuato!": tu papá.

Y bien que lo eres porque cada vez que me queda bien un tema, dicen que te lo robé. Cuando la gente no sabe quién es el autor de una canción, siempre dice: "es de José Alfredo". Hace tiempo estaba en Guadalajara presentando en la radio la canción "Aquel cancionero" que compuse con Humberto Galindo y Fredy Rodríguez y que nos grabó Julio Preciado. De repente, un radioescucha llamó y comentó al aire que él sabía del libro de canciones que tú le regalaste a mi mamá y que esa canción seguramente yo la había sacado de ahí; que te la había robado. Le agradecí la comparación y le comenté que "en esa cuna tú me habías arrullado".

AQUEL CANCIONERO[14]

Él ponía la voz, y la guitarra
la tristeza la llevaba yo,
y él con cada canción que tocaba,
tocaba las cuerdas de mi corazón.

Yo ponía las botellas de vino,
y él ponía la guitarra y la voz,
y a cantar por aquel mal cariño,
y a cantar por aquel mal amor.

Yo sabía que ella me traicionaba,
pero no imaginaba con quién,
era una de esas puñaladas
que rompen el alma y no tocan la piel.
Todo el pueblo sabía su secreto,
como siempre volvió a suceder:
yo fui el último tonto en saberlo,
menos mal que yo ya la olvidé.

Hoy volví a la cantina del barrio.
Cuando vi al cancionero llorando,
supe la verdad, y en lugar de rencor,
como amigo, le tendí la mano.

Yo sentí compasión en el alma
cuando frente a frente él me confesó:
que por ella que no vale nada,
él había caído más hondo que yo.

 Mejor le hubieras dicho que me heredaste lo mentiroso, pues luego dicen que tenemos los mismitos gustos y si es preciso decir una mentira: pa' luego es tarde.

IMÁGENES

1   Fotografía promocional.

2   Fotografía de la película *Guitarras de media noche*.

3   Fotografía de la película *El caudillo*.

4   María Félix, Luis Aguilar y José Alfredo Jiménez en el rodaje de la película *Juana Gallo*.

5   Fotografía de la película *Los huéspedes de la marquesa*.

6   Portada del disco *Camino de Guanajuato*.

7   José Alfredo y Demetrio González en la película *Camino de Guanajuato*.

8   Cartel de la película *Guitarras de media noche*.

9   Cartel de la película *Cada quien su música*.

10 Rueda de prensa con el elenco de la película *Una última y nos vamos*.

11 Homenaje a Antonio "la Tota" Carbajal en el estadio de León, Guanajuato. Entre algunos miembros del equipo están "la Tota" Carbajal, José Alfredo Jiménez y los niños José Alfredo Jiménez Jr. y Alfredo Vallejo Badajer (Quilen) en 1966.

12 Fotografía del caballo blanco: un Chrysler Imperial modelo New Yorker 1957.

13 Fotografía de la familia Jiménez Gálvez en el Hotel de Yates de Acapulco, Guerrero.

14 Trofeo por el éxito de la canción "El caballo blanco".

15 Fotografía de la boda de Ignacio Jiménez con su esposa Alicia Aguinaco en 1951.

16 Fotografía promocional.

17 Manuscrito de la canción "Vidas iguales", Venezuela, 1968.

18 José Alfredo Jiménez y Marco Antonio Muñiz.

19 Casa de José Alfredo Jiménez ubicada en Gabriel Mancera 1103 en la Ciudad de México donde escribió, entre muchas otras, "Arrullo de Dios".

20 José Alfredo Jiménez Jr. con su perro negro.

21 Manuscrito "El niño y el perro" parte 2.

22 Manuscrito "El niño y el perro" parte 1.

maestro Alberto Domínguez y en la parte de atrás el Mtro. Armando Manzanero.

40   José Alfredo Jiménez cantando con Pedro Infante en el programa *Así es mi Tierra*.

41   Cartel de la serie radiofónica *Ahí viene Martín Corona* patrocinada por la cervecería del mismo nombre.

42   José Alfredo Jiménez y Paloma Gálvez el día de su boda.

43   Paloma Gálvez en Córdoba, Veracruz.

44   Paloma Gálvez con su perro Yoli y amigos de la infancia.

45   Paloma Gálvez.

46   Paloma Gálvez.

47   Paloma Gálvez con sus hijos Paloma y José Alfredo Jiménez Gálvez.

48   José Alfredo Jiménez Jr. y Verónica Meza.

49   José Alfredo Jiménez Jr. y Verónica Meza.

50   José Alfredo Jiménez Jr. y Verónica Meza en la cantina que perteneció a su padre.

51   José Alfredo Jiménez Jr. con su hijo José Alfredo III en una estación radiofónica de Guadalajara.

CAPÍTULO 3 |
Las ciudades

LAS CIUDADES[15]

Te vi llegar y sentí la presencia de un ser desconocido;
te vi llegar y sentí lo que nunca jamás había sentido.
Te quise amar y tu amor no era fuego, no era lumbre;
las distancias apartan las ciudades,
las ciudades destruyen las costumbres.

Te dije adiós y pediste que nunca, que nunca te olvidara;
te dije adiós y sentí de tu amor otra vez la fuerza extraña.
Y mi alma completa se me cubrió de hielo
y mi cuerpo entero se llenó de frío
y estuve a punto de cambiar tu mundo,
de cambiar tu mundo por el mundo mío.

uando en 1998 te dedicaron un homenaje en España, al que llamaron *Porque sigue siendo el rey: la noche más latina*, la SGAE (Sociedad General de Autores y Editores) me entregó una placa conmemorativa. En él participaron: Chavela Vargas, Joaquín Sabina, Ana Belén, Víctor Manuel, Lucrecia, Joan Manuel Serrat y el cantante flamenco "Rancapino". Se realizaron cuatro conciertos: en el Palacio de Congresos de Madrid, el 31 de octubre; en el Palau Dels Esports de Barcelona, el tres de noviembre; en el Velódromo Luis Puig de Valencia, el cinco de noviembre; y en el Pabellón La Casilla de Bilbao, el siete de noviembre. Todos con lleno total. Ahí Chavela me contó algo que te quiero preguntar.

¡Ay, Chavela, mi gran amiga! Vivíamos en la bohemia, porque así es como nos gustaba vivir y no encontrábamos otra forma mejor. ¡Solo los perdidos nos encontramos! Ella encontró la forma de vivir en mis canciones y yo sigo vivo en las entrañas de su voz.

para conquistar corazones,
Chavela era general de cinco estrellas

Chavela me contó de una señora argentina de nombre María Rodríguez, quien vivía en la avenida de los Insurgentes Norte, y me dijo que tú andabas que te morías por ella.

¡Mira nada más qué cosas! ¡La verdad, sí! Estaba guapa y lo que sigue, pero era casada y tenía un marido muy celoso, entonces, para darle serenata, le pedía a Chavela que distrajera al marido mientras yo le cantaba y luego cambiábamos de lugar. He de reconocer que la que salió ganando fue Chavela: ella se quedó con el trofeo, el marido con los cuernos y yo, como el chinito, "nomás milando". Y esa no fue la única ocasión, para conquistar corazones, Chavela era general de cinco estrellas. Cómo me hacía reír y cómo extraño las parrandas con ella: no hay mejor cura pal' dolor que un tequila con Chavela.

Chavela Vargas: Ay, José Alfredo, a mí me dejaste un hueco enorme cuando te fuiste. Además, a donde quiera que voy, siempre digo que eres el tipo más increíble del mundo, que compones a todas horas y que, aunque estés tomado, te acuerdas de todo lo que escribes. Quiero que todos sepan que tu mayor vicio no es el alcohol: ¡tu mayor vicio es escribir! Pero que quede claro, en México ya no hay tequila del bueno, ése nos lo echamos tú y yo en el Tenampa. Una vez, Álvaro Carrillo y yo tuvimos que empujar el coche destartalado que traías, ¡con todo y tequila! Ya nos querían llevar a la delegación por borrachos y

CHAVELA VARGAS · LUCRECIA · RANCAPINO
JOAQUÍN SABINA · VÍCTOR MANUEL

PORQUE SIGUE SIENDO EL REY
LA NOCHE MÁS LATINA

Homenaje español a José Alfredo Jiménez
TURNER

escandalosos: íbamos grite y grite en la calle de Niño Perdido y, según las autoridades, alterando el orden.

 ¡Y cómo no querías que el pobre coche estuviera en esas condiciones después de la gira que hicimos de Guadalajara a Tijuana! Tú lo querías tirar al mar, pero yo le tenía un gran aprecio porque mi hijo lo bautizó como el caballo blanco. Y tienes razón, escribir es la mejor forma de limpiarse el alma; recuerda lo que me dijiste cuando te mostré mi canción "Las ciudades".

Chavela: Cómo no me voy a acordar. ¡Y te aseguro que tú todavía no sabes lo que escribiste! "Las ciudades" no es una canción: ¡es una oración! Cuéntanos su historia.

 Fue en una gira que hice a España para darme a conocer y promocionar mis canciones. Me acompañaban Juan "el Gallo" Calderón (directivo de RCA Víctor), un guitarrista de nombre Raúl que tocaba el requinto con el mariachi Oro y Plata de Pepe Chávez, mi amigo "el Chacho" Ibáñez e Iñigo, un muchacho de la promotora en España, que nos paseó por todo Madrid y sus lugares turísticos más cercanos. "Las ciudades" la escribí inspirado en una extraña y atractiva mujer que conocí en el estadio de futbol Santiago Bernabéu durante un juego entre el Real Madrid y el Córdoba C.F., en el que Grosso, el rompe redes del Real, anotó tres goles.

Desde mi asiento podía observar a una mujer, a unas cuantas filas adelante de mí, que, con su belleza, me hacía perder la atención del partido. En un momento en el que, casualmente, cruzamos miradas, alcé mi copa y brindé con ella, quien amablemente me correspondió con una hermosa sonrisa.

Al terminar el partido, la busqué, pero se había perdido entre la multitud. Curiosamente el destino me llevó a encontrarla en el restaurante de arroces al que acudimos a comer. Al verla, me armé de valor para acercarme a su mesa y, haciéndole una seña a Raúl para que me siguiera con la guitarra, comencé a cantarle: "Préndeme fuego si quieres que te olvide, méteme tres balazos en la frente, haz con mi corazón lo que tú quieras, y después, por amor, declárate inocente …". Ella quedó enormemente sorprendida y, al terminar la canción, todos los comensales nos voltearon a ver y comenzaron a aplaudir. Platiqué un poco con ella, le dejé saber quién era yo y, sin darle tiempo a responder, comencé a cantar "Deja que salga la luna"; su cambio fue rotundo. Después, entre la charla, las copas de brandy y el vino tinto, surgió "Un mundo raro". Ahí fue cuando me di cuenta de que sus ojos ya eran míos. Pero, cuando al fin la tuve entre mis brazos, sentí que su amor no era fuego, no era lumbre. Y pensar que estuve a punto de cambiar su mundo por el mundo mío…, todavía cuando le dije adiós, sentí su amor como una fuerza extraña.

La canción la terminé a mi regreso ya en la Ciudad de México, un día que, en un alto en la avenida Félix Cuevas de la colonia Del Valle, me topé frente a frente con Paloma, mi esposa, a quien tenía meses de no ver. Por un momento sentí que mi alma completa se cubría de hielo y que me quedaba atorado en el tiempo sin saber

…yo amo con el hígado, el corazón no tiene nada que ver con esto

qué hacer, pero esa presencia fue la que detonó la canción. Después me bajé del coche, la abracé y le volví a ofrecer un puño de estrellas.

Chavela cantó "Las ciudades" en el Beethovenhalle de Alemania en octubre de 1999 y en la presentación del *Cancionero Completo* en el Bar Tenampa de la Plaza Garibaldi. Ese día, ella y Carlos Monsiváis, que escribió el prólogo del libro, nos dedicaron unas palabras a Verónica y a mí.

Luego Chavela me comentó que su familia pretendía excomulgarla por lesbiana y que ella le dijo al sacerdote: "Yo amo con el hígado, el corazón no tiene nada que ver con esto". Por eso, un día que Chavela quería invitar a mi esposa Paloma a su casa de Cuernavaca no la dejé ir: por prejuicioso.

Chavela: ¡Si serás cabrón! Diego Rivera dejaba ir a Frida, pero tú nunca dejaste que Paloma me visitara. Ya no quiero hablar contigo; mejor mañana nos echamos l'otra.

Gracias a ti, papá, yo seguí la amistad con Isabel Vargas Lizano, "Chavela", por muchos años. Pude acompañarla a sus presentaciones y reuniones personales hasta el día en que se abrieron las puertas de su querido cerro del Tepozteco y nuestra querida Chamana volvió a ser parte de la naturaleza. ¿Oye, qué tan cierto es lo de la serenata con "el Güero" Gil?

Pues sí, es cierto. Estábamos haciendo temporada en el Blanquita; él salía de esmoquin blanco y yo con un traje de charro, también blanco; parecíamos niños que iban a recibir su primera comunión. Nos habíamos tomado unas copas y decidimos llevarle serenata a Lucha Villa, pero, como estaba recién casada con un muchacho salvadoreño, ni nos abrió. Así que agarramos rumbo al Pedregal, hacia la casa de Irma Serrano. Vimos que las bardas no eran muy altas y nos brincamos, ya sabrás, como pudimos, porque entre vasos, botella, requinto y sombrero de charro no estuvo fácil. Ya en el jardín, nos dirigíamos a la ventana de su recámara, cuando vimos que se nos venían encima un ocelote y un enorme tigre; corrimos hasta la alberca y nos tiramos. Afortunadamente, sus lindos gatitos no tenían ganas de nadar, aunque se quedaron en la orillita y vigilándonos. Yo, con el traje de charro, sentía que me hundía, mientras que "El güero" flotaba a mi lado agarrado de su requinto. Nos moríamos de frío, pero no por eso dejábamos de beber. Pasó como una hora antes de que el velador se diera cuenta y nos rescatara. Al reconocernos nos pasó al comedor, nos dio toallas y nos sirvió café para pasar el rato hasta que la señora despertara. Cuando Irma por fin salió, nos fulminó con sus ojos felinos, pero luego, cuando vio que estábamos temblando como perritos mojados, se compadeció de nosotros y envió a su secretario a comprarnos ropa interior y unos *pants* deportivos; nos preparó de desayunar, nos quitó la botella y luego nos mandó a cada uno a su respectiva casa, advirtiéndonos de que iba a acusarnos con nuestras esposas. Luego nos recordó que su corazón latía por el presidente.

 Pero el del Club de Leones, ¿verdad? ¡Ay, Irmita, qué ocurrente es! Yo he sido productor de tres de sus discos. En la grabación de uno de ellos se nos cruzó un 15 de septiembre: Irma llegó al estudio cargando una campana de bronce como de medio metro de alto y

TEATRO BLANQUITA

6

muchos kilos; yo pensé que de ahí se iría a dar el Grito en alguna delegación o en algún pueblo cercano, pero no, ella quería grabar unas campanitas en un tema de su autoría que, casualmente, se titula "Como las campanas". Entonces, subió a su chofer en una silla para que sostuviera la enorme y pesada campana, y me dijo: "suéltame la cinta y ve grabando mientras yo doy las campanadas". Y que se arranca con un palo a sonarle a la campanota. Al pobre chofer se le doblaban las rodillas y la pequeña silla se movía tanto que el hombre estuvo a punto de perder el equilibrio. Mientras tanto, Irma tirando palazos a diestra y siniestra le gritaba:

—¡No me la muevas, pendejo, que no es piñata!

No podíamos con la risa. Afortunadamente, yo tenía un teclado Emax con sonido de campanas y el arreglista las grabó en tiempo y forma. Cuando la Serrano entró a la cabina y escuchó la grabación me dijo: "Ya ves 'Joseal', qué bonitas me quedaron".

Una vez, en el restaurante Arroyo, el de mi compadre Chucho, estaba con las hermanas Huerta enseñándoles la canción "Me equivoqué contigo" (la repetíamos una y otra vez sin que nos quedara), cuando, de pronto, pasó un señor ya con sus copitas arriba y les dijo: "Hermanas Águila, apréndanse la canción. Ni parecen profesionales". Y siguió su camino al baño. A todos nos ganó la risa. Nos burlábamos de ellas y, cuando ya las estábamos haciendo pedazos, pasó de nuevo el borracho y me dijo: "Y tú, "Cuco", ¡ya no seas tan exigente! ¡Ni que fueras Chopin!". Entonces al que se acabaron fue a mí.

¡Esas Huerta eran buenas para cantar! ¡Y bravas pa' comer chile! En uno de tus homenajes en Dolores, les dieron un cuarto muy feo en el hotel Las Campanas, que estaba en remodelación, y no paraban de decir que ahí espantaban. Valente Pastor, que asistió como parte del elenco, propuso darles un buen susto: "Van a salir corriendo en camisón y llenas de crema por todos los pasillos del hotel". En la madrugada se disfrazó de fantasma con lo único que encontró, una sábana rota y percudida, agarró una escalera vieja que había por ahí, y subió por el lado del jardín hasta la ventana del cuarto. Lucha Huerta, que aún se hallaba despierta, se percató de la sombra fantasmal que se vislumbraba en la ventana y, de un certero bolsazo, acabó con el ridículo fantasma. La escalera terminó por romperse, y él acabó con un tobillo luxado, un ataque de risa y moretones por todo el cuerpo.

En donde asustaban en serio era en nuestra casa de Martín Mendalde; acuérdate cómo se asustaba la Chaparra, nuestra perrita. Se escuchaban ruidos muy extraños, se movían objetos, las puertas se cerraban de golpe y, además, se sentían presencias extrañas en el ambiente. Yo era el más receptivo a ese tipo de fenómenos y, aún a la fecha, sigo teniendo ese tipo de experiencias. Mi mamá le pedía al sacerdote de la iglesia que fuera a bendecir la casa y rociara un montón de agua bendita por todos los rincones. Los ruidos parecían ausentarse por un tiempo, pero poco a poco volvían a apoderarse del lugar. Inclusive yo escuchaba tus pasos con las botas de charro subiendo por la escalera principal y, al salir a recibirte, no había nadie. Entonces buscaba a mi mamá para pedirle que por favor trajera al sacerdote nuevamente, pero él, ya molesto, le decía que no dejara que el niño viera el programa *Un paso al más allá*, y que mejor me pusiera *El teatro fantástico* de Cachirulo, o el programa del perro Rin tin tin. Mi hermana Paloma, la mayor, nos puede contar mejor esta experiencia.

Paloma: Durante mi estancia en París en la década del 70, instalada en el círculo de mexicanos que trabajábamos en Francia para el servicio exterior, me vi en la necesidad de buscar un dentista que no fuera tan costoso, porque el salario no nos permitía lujos y esa asistencia no era una dádiva incluida dentro de nuestras prestaciones. Paradójicamente, la distancia nos acerca y la voz nos llega de donde menos la esperamos, de modo que una querida amiga me recomendó a su doctor, Ernesto Pugibet. Él atendía a muchos mexicanos porque su abuelo, portador del mismo nombre, había sido el fundador de la fábrica de cigarros El Buen Tono y de la textilera San Ildefonso, a finales del siglo XIX en la Ciudad de México; existe un monumento en la plaza de San Juan, una calle y el mercado que llevan su nombre para recordarlo.

Al cabo de ciertas visitas, y para agradecerle al doctor Pugibet, quien nunca quería cobrarme la consulta, le llevé algunos discos de mi padre. Quedó muy agradecido conmigo y, como recordaba con gran cariño sus años de niñez y juventud en México, me invitó a cenar a su casa para que pudiera conocer a su familia y platicara algunas anécdotas relacionadas con las canciones de mi padre.

Había un ambiente tan cordial y tan afín a México que enseguida me sentí incluida y las hijas, que eran apenas un poco menores que yo, me integraron de inmediato a sus conversaciones. Una amiga de ellas acababa de llegar del entonces D.F. a visitarlos y, al saber que yo era hija de José Alfredo Jiménez, sin titubear me preguntó si yo había vivido en la calle de Martín Mendalde, en el número 1332. Le comenté que a los seis meses de edad me habían llevado a vivir a esa casa. La idea de comprar-

...fue nuestro refugio de infancia

la fue de mi querido padrino Eulalio Ferrer quien vivía con sus padres tres casas más adelante, pues él consideraba que tener un lugar propio era parte indispensable para forjarse un patrimonio y tenía la autoridad suficiente para influir en las decisiones de mi padre por cariño, amistad y confianza.

Martín Mendalde 1332 fue nuestro refugio de infancia: ahí crecimos, ahí nos formamos, ahí dejamos nuestra niñez y aprendimos a vivir. Martín Mendalde no evocaba para mí al filántropo, empresario y hacendado; evocaba al hogar, al barrio, a la calle en donde jugábamos todos los niños de la cuadra. La primera etapa de la obra de mi padre ahí nació. Era una casa llena de vida, siempre estaba habitada, entraban y salían familiares, amigos y vecinos. Era un lugar abierto en donde se servía café y se daba cariño y, tanto era así, que hasta los fantasmas se posesionaron de sus habituales rincones, establecieron ritos y costumbres. Finalmente, los fantasmas no abandonaron los muros de Martín Mendalde para mudarse con nosotros en el año de 1964, cuando mis padres decidieron comprar la casa de Gabriel Mancera 1103, también en la colonia del Valle.

Aquella chica, amiga de las hijas del doctor Pugibet, había vivido durante una temporada corta en el 1332 de Martín Mendalde y lo que quería corroborar conmigo era su experiencia sobrenatural a cerca de los habitantes invisibles de aquella casa. Los pasos de mi padre al subir la escalera con sus botas de charro eran un eco cotidiano que no nos sorprendía hasta encontrarnos con que no había llegado. "Joseal" y yo corríamos a recibirlo en cuanto escuchábamos en la escalera sus inconfundibles pisadas, pero él no aparecía. Bautizamos un aleteo y un gorjear que se dejaban oír en la ventana de nuestra recámara como el "gallo gallina" y un rugido en la terraza como el "búfalo"; los objetos se movían, las sillas caminaban y el viento era una presencia viva. Cuando yo le relaté a la amiga mis recuerdos prodigiosos, ella asentía con un insistente movimiento de cabeza: había experimentado las mismas sensaciones, idénticos sonidos y aseguró que nunca olvidaría el resonar de las botas de charro al subir por la escalera.

En el 2006, cuando fui candidato a diputado federal por el Distrito 15, casualmente me tocó ir a una junta de vecinos en nuestra vieja casa de Martín Mendalde. ¿Qué extraño, verdad? La propietaria me invitó a dar un recorrido por toda la casa y me comentó que aún seguían escuchando ruidos extraños e inexplicables. Aunque en aquella ocasión no escuché ruido alguno, no dejé de sentir los nervios galopando por todo mi cuerpo.

En esa casa, según yo, compuse mi primera canción, cuya letra solo decía: "Pedro Julián compró un caballo, ay, ay, ay. ¡Sí! un caballo" y se repetía continuamente. A mis cuatro años y medio, pensaba que sería un éxito internacional, como los tuyos: ¡de rocola! Hablando de los éxitos que sonaban continuamente en las rocolas: me han comentado que en tus primeras grabaciones tu voz se escucha muy diferente. ¿Era por la calidad de los micrófonos, tu corta edad o por los nervios?

La causa no fue técnica, fue médica; andaba yo malísimo de las anginas y le tenía un miedo pavoroso a la operación. Ya ves lo que dicen: "los médicos sus errores, los entierran".

El doctor me decía que era una cosa muy sencilla, que no me iba a doler, que en unos días me iba a sentir bien, y que ya no me enfermaría tanto, pero a mí me preocupaba que me cambiara la voz y no poder cantar.

Bueno, pero, al fin y al cabo, tuviste el valor de operarte, ¿no?

No, ¡qué va! El doctor me engañó, me dijo que en La Central Quirúrgica estaban aplicando un nuevo tratamiento con un yodo especial y que en unas cuantas sesiones mis anginas se recuperarían. Y, pues, ahí va tu tarugo. Cuando me di cuenta ya me habían operado. Mi miedo resultó cierto, mi voz cambió, pero el cambio fue favorable; hasta comencé a vender más discos. Todo esto lo puedes notar en mis grabaciones de CBS, a partir de mediados del año 1956.

Otra pregunta que no falla: ¿cuántas canciones compusiste?

No sé exactamente, pero cerca de 300, aunque algunas se quedaron sin grabar. Ésas están escritas en la libreta negra que le regalé a tu madre cuando nos casamos.

¿Grabaste alguna canción que no fuera tuya?

Sí, muchas. Primero algunas de don Felipe Valdés Leal, luego otras de Rodolfo Mendiolea, "El adiós" de Carrasco y un tema de Graciela Olmos.

¿Graciela Olmos, "la Bandida"?

Los mexicanos nacen
donde se les da
su chingada gana

¡Sí! Ella es autora de "La enramada". Era muy cuatita mía, y me decía paisano porque por un tiempo vivió en Irapuato y, cuando visitaba la ciudad de León, siempre decía: "¡Aquí me hubiera gustado nacer!".

¿Por qué no le comentaste lo que dice Chavela Vargas?: "Los mexicanos nacen donde se les da su chingada gana".

Le habría encantado: era bien norteña. Le tocó sufrir los horrores de la Revolución; de ahí el apodo "la Bandida". En su casa se hacían grandes fiestas y el elenco siempre era mejor que el de cualquier teatro de revista; tenía un montón de amigos. Incluso me contó que un día en una fiesta en Chicago cantó "La Adelita" a dueto con el famoso gánster Al Capone. A ella le grabé su canción "El delgadito", que no es muy conocida. Por otro lado, también grabé canciones muy famosas de compositores muy importantes como Agustín Lara, Consuelo Velázquez, Víctor Cordero, Gonzalo Curiel, Chava Flores, Carlos Gardel, Rubén Fuentes, Alberto Cervantes, Tomás Méndez, Alfonso Esparza Oteo de Ricardo López Méndez.

En un encuentro inter-colegial de poesía y oratoria a uno de mis compañeros, Ruffus Torres, quien representaba al Colegio Tepeyac del Valle, le tocó en suerte declamar "El credo" de Ricardo "el Vate" López Méndez. Cuando a mí se me ocurrió mencionar que yo conocía a ese señor y que, además, era amigo tuyo, la clase entera se burló de mí. No sé, tal vez pensaban que "el Vate" era de los tiempos de don Porfirio.

Nunca se me va a olvidar el día en que te acompañé a la SACM cuando todavía tenía sus oficinas en la calle de Ponciano Arriaga número 17. Ahí nos recibió Rodolfo Mendiolea junto con Ricardo "el Vate" López Méndez, algo despeinado, Mario Talavera y "Tata" Nacho, que tampoco hacía uso frecuente del peine. Las risas de Eduardo y Martín Fuhrken, Jaime Acosta Huerta, Rafael Shepard, "el Chango" Álvaro Ortiz, Recamier, Genaro García, Jesús Suárez "el Zopy", "el Negro" González Iñárritu y su hermano Héctor, entre otros, se apagaron al escuchar a nuestro maestro Juan Prieto solemnemente aclarar: "Silencio señores, el padre de su compañero es otro de los grandes poetas de México y, por supuesto, amigo íntimo de Ricardo "el Vate" López Méndez".

Al "Vate" le grabé dos de sus bellos poemas: "Tu partida", con música de Gonzalo Curiel y "Tu olvido", con música de Gabriel Ruiz. Después, en abril de 1969, Rubén Fuentes me dio la gran idea de grabar un disco fuera de serie con Armando Manzanero: seis temas de cada uno; yo interpretando sus canciones y él las mías, incluyendo cuatro a dueto.

En total fueron 55 temas los que grabé de otros compositores. Muchos de ellos están en la colección que titulaste *Los otros*, aludiendo a la película que protagonizó Nicole Kidman. Aquí tengo la lista completa.

José Alfredo Jiménez

Canta los Temas de otros Compositores

TESOROS DE COLECCION

Hace poco, platicando con Sandra Monge, hija de Chucho, recordábamos que tú, cuando comenzaste a enamorar a mi mamá, siempre seleccionabas la canción "Pobre corazón" de Chucho Monge, interpretada por Fernando Fernández y Lupita Palomera, en la rocola del Kiko's, aquel café en la colonia Santa María la Rivera. Curiosamente, años después Chucho e Isabel, su esposa, adoptaron "Paloma querida" como su canción favorita. Y lo más extraordinario de esto es que ni Chucho ni tú se enteraron del suceso. Fue hasta que Sandra lo platicó con su mamá y la mía que nos dimos cuenta.

Yo quería grabarla, pero no pude. Sin embargo, "Pobre corazón" me sigue gustando mucho; Chucho es uno de nuestros más grandes autores. El tres de noviembre de 1952 la Casa Madero me otorgó una Medalla de Oro y, con bellas palabras, Chucho Monge exaltó mi obra llevándome la felicitación de la Sociedad de Compositores.

¿Conoces la canción "Pobre corazón" con Fernando Fernández y Lupita Palomera? Nada más escucha qué bonito la interpretan.

Y tú, ¿cómo andas en número de intérpretes?

Yo compongo
mis canciones pa' que el pueblo
me las cante...

Yo creo que son muchísimos, pero ese dato lo debes conocer mejor tú, porque ahora son más los que cantan mis canciones.

Bueno, en los datos que tengo aparecen cerca de 1,200 intérpretes y más de 13,000 grabaciones de las 236 canciones que dejaste registradas. ¡Pero me faltan muchas de las grabaciones que se han hecho de tu obra!

¿Tantas?, ¡qué bueno! *Yo compongo mis canciones pa' que el pueblo me las cante…* ¡Yo ya sabía que mi pueblo no me podía fallar!

¿Nunca te dieron ganas de aprender a tocar guitarra? ¿Por qué nunca tuvimos una guitarra en la casa siendo tú un compositor tan conocido?

Sí quise aprender a tocar. Un día vi que en la XEW daban clases y le comenté a "Tata" Nacho que me iba a inscribir. Se rió y dijo: "José Alfredo, ni le muevas: así te salen a toda madre tus cancioncitas. ¡Qué tal que aprendes y no vuelves a pegar una!". La verdad me dio miedo, y pensé: "¿pa' qué quiero guitarra si de todos modos tengo a Pepe Jara?".

Con Pepe Jara y su esposa "Chivis" fuimos al palenque de León. ¿Recuerdas que él era amigo de Luis Amantes, el empresario, y que así consiguió el contrato? Llegamos al hotel La Estancia, ubicado justo en frente de la Feria, comimos, como siempre, en el Rincón Gaucho, y ya por la tarde noche, nos metimos a la alberca. Bueno, tú solo metiste las piernas, mientras disfrutabas de una botella de coñac que te mandó de regalo el palenquero.

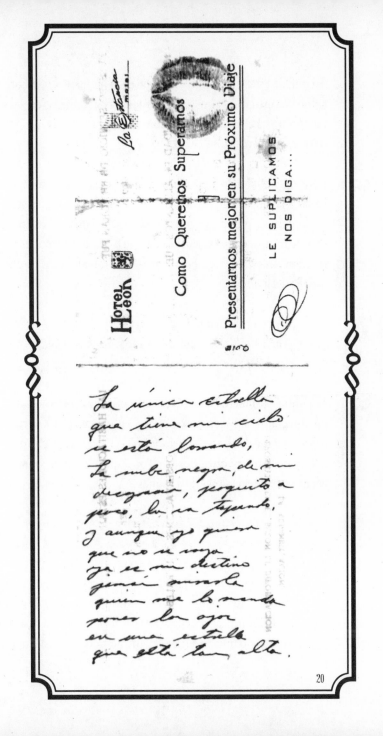

La única estrella
que tiene mi cielo
se está borrando,
la nube negra, de mi
desgracia, poquito a
poco, la va tapando,
y aunque yo quiera
que no se vaya
ya es mi destino
jamás mirarle
quien me la manda
poner los ojos
en una estrella
que está tan alta.

Tu mirada estaba más en el cielo que en la tierra; precisamente, sobre una estrella a la que le escribiste otra de tus bellas canciones. Aquí está el manuscrito; lo conservo como todo lo que nos dejaste: con el corazón.

¡Qué noche!, el cielo estaba divino, lleno de estrellas. Pero aquella, la de la canción, en particular, era diferente: me sedujo por su brillo, como si quisiera decirme algo. Yo sentía unas ganas enormes de tocarla, quería gritarle que no se fuera, que las nubes no la cubrieran, pero… ¿quién me manda a poner los ojos en una estrella del infinito?

¡Cómo te quiero! Cuánta sensibilidad corre por tus venas; tus palabras revientan con el amor y, no conforme con eso, las pones a vivir dentro de una melodía.

Yo también te quiero, "Gorro". En muchas de mis entrevistas dije que mis hijos eran como dos soles y en mi canción "Gracias" hago mención de ello en la parte que dice: "… si tuviera con qué, compraría para mí otros dos corazones, para hacerlos vibrar y llenar, otra vez, sus almas de ilusiones …".

Qué hermosa canción, qué bonita forma de agradecer por tus 25 años de compositor. A toda la gente le gusta y qué bueno que a Paloma y a mí también nos tocó un pedacito de ese poema-agradecimiento que dejaste como un testamento antes de partir. En noviembre del año pasado, como parte del altar de muertos para los compositores de la SACM, te dediqué una calaverita que me gustó mucho. Entonces, mi querido amigo, Manolo

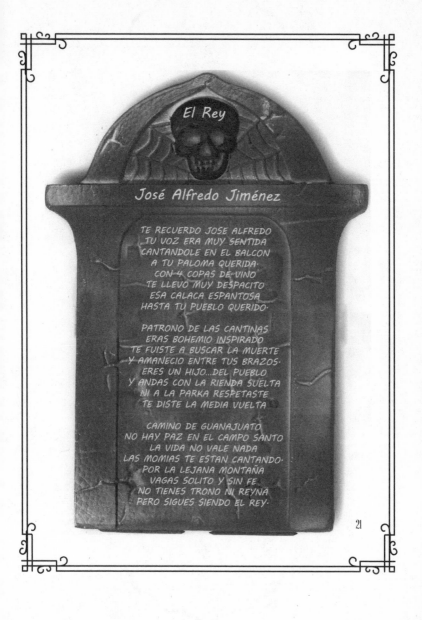

El Rey

José Alfredo Jiménez

TE RECUERDO JOSE ALFREDO
TU VOZ ERA MUY SENTIDA
CANTANDOLE EN EL BALCON
A TU PALOMA QUERIDA.
CON 4 COPAS DE VINO
TE LLEVO MUY DESPACITO
ESA CALACA ESPANTOSA
HASTA TU PUEBLO QUERIDO.

PATRONO DE LAS CANTINAS
ERAS BOHEMIO INSPIRADO
TE FUISTE A BUSCAR LA MUERTE
Y AMANECIO ENTRE TUS BRAZOS.
ERES UN HIJO...DEL PUEBLO
Y ANDAS CON LA RIENDA SUELTA
NI A LA PARKA RESPETASTE
TE DISTE LA MEDIA VUELTA

CAMINO DE GUANAJUATO
NO HAY PAZ EN EL CAMPO SANTO
LA VIDA NO VALE NADA
LAS MOMIAS TE ESTAN CANTANDO.
POR LA LEJANA MONTAÑA
VAGAS SOLITO Y SIN FE.
NO TIENES TRONO NI REYNA
PERO SIGUES SIENDO EL REY.

21

ESTÁ EN EL CAMINO BUENO
Manolo Marroquin

JOSE ALFREDO ESTÁ LLEGANDO
A LA MADUREZ MÁS PLENA
HACE QUE VALGA LA PENA VIVIR EN EL MUNDO RARO
QUE RECIBIÓ COMO PRENDA.

TIENE EL COMPROMISO ENORME
DE IGUALAR LO QUE HEREDÓ
Y SI DIOS SE LO PERMITE
ACRECENTAR SU VALOR.

ESTÁ EN EL CAMINO BUENO
Y TALENTO NO LE FALTA
HAY VECES QUE, SE LOS JURO,
ESCRIBE TAN BIEN, QUE ESPANTA.

EL SIEMPRE LA MANO TIENDE
A QUIEN SE LO SOLICITA
PORQUE SE CRIÓ EN EL REGAZO
DE UNA PALOMA BENDITA.

LA ENVIDIA LO HIERE A VECES
CON SUS PUNTAS DE MAGUEY
PORQUE MUCHOS NO SOPORTAN
SABER QUE ES HIJO DE UN REY.

TIENE UNA MUJER MUY LINDA
A LA QUE ADORA Y VENERA
PERO ELLA SE PONE GUINDA
SI GATAS LE RONRONEAN.

'LA CATRINA' LO PERSIGUE,
QUE SE CUIDE 'LA CATRINA'
SI LA VERO LA DESCUBRE,
¡CON SUS HUESOS HACE HARINA!

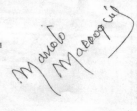

Marroquín, secretario del Consejo Directivo y autor de la canción "El príncipe" que le dio el mote a José José, escribió esta otra para mí:

"Apreciado y caro amigo, que tu estancia se prolongue en este mundo bendito por los siglos de los siglos …, como ocurre con tu padre, cada día más infinito. Que igual te suceda a ti, son mis mejores deseos. ¡Déjame leerte estos versos que te dedico, motivo de calaveras, mi respeto por la muerte, pero mi amor por la vida!".

¡Qué buenas las dos! Tú sabes que a mí me gusta mucho todo lo que lleva sabor a México. Debemos de seguir difundiendo todas nuestras tradiciones. El día de muertos es una de mis favoritas: me encanta poner ofrendas, ver los cementerios llenarse de flores … Betzabé Romero me dedicó una ofrenda increíble en el Auditorio Nacional, las Secundarias Técnicas no me olvidan, pero en mi Guanajuato me recuerdan mucho más.

Eso solo pasa en nuestro país. No sabes cómo disfruté el pueblito de Pátzcuaro aquella noche del dos de noviembre de 1963: ¡es un lugar mágico de Michoacán!

Sí, el lago parecía una imagen de don Gabriel Figueroa en las películas del "Indio". Tú siempre fuiste devoto de la Virgen de Guadalupe, pero en unas vacaciones, cuando nos llevaste a Guadalajara y fuimos a Zapopan, le escribiste una canción a su Virgen: "Virgencita de Zapopan". ¿Me permites enseñarte un tema que compuse para la Virgen de Guadalupe? Mi amigo Alazán escribió la música y la titulamos "Guadalupana".

GUADALUPANA[16]

Deja que tu alma me escuche
mientras habla el corazón:
manto, rebozo de estrellas
que nos une con su amor.

De tu fervor infinito
encontraré el manantial,
luz y cascada fundidos
con la fuerza del metal.

Madre del cielo infinito,
gloria etérea y celestial,
fruto divino y bendito
hoy te pido ante tu altar.

Ruega señora divina
por los que suelen pecar,
tú que estás cerca de tu hijo
pide nos mande la paz.

Ruego señora divina:
calma mi llanto y dolor,
dale a mi alma el alivio,
llévame al reino de Dios.

Rosa Castilla y milagro
tu Cerrito y catedral,
donde no hay pobres ni ricos
todos se unen a orar.

Esta canción fue interpretada por Darina y Gabriel Navarro, nieto de tu amigo, el productor Mario de la Piedra, en el programa de *Mañanitas a la Virgen* de Miguel Ángel Herros en Televisa; el arreglo es del maestro Eduardo Magallanes. En Internet puedes ver el video de este tema.

158

Yo aún conservo en el pecho mi medallita de la Virgen de Guadalupe. Gracias por dejarla junto a mí; ha sido siempre una luz en mi camino. ¿Te conté alguna vez de la manda que pagué caminando desde nuestro departamento en Río Usuri número 15, en la Cuauhtémoc, hasta la Basílica de la Virgen de Guadalupe?

No, fíjate que no recuerdo que me contaras esa historia.

...ya nos tenía preparada una cuba libre que nos supo a gloria

Se estaba rodando la película *Camino de Guanajuato* y los llamados eran desde muy temprano hasta la media noche. El trabajo para mí resultaba muy pesado: entre las canciones, memorizar el guion y cambiar de locación fuera y dentro de los estudios... En ese entonces yo estaba muy preocupado por tu hermana Paloma, pues una gripa mal cuidada se le complicó y se puso muy grave. El pediatra ya no sabía qué hacer; la tenía en una cámara de oxígeno. Además, tu hermana no reaccionaba a los medicamentos. Yo le llamaba a tu mamá en cada corte de escena y ella, hecha un mar de lágrimas, cada vez me daba menos esperanzas. Entre mis rezos y la angustia llegó la inspiración y escribí la canción "Si tú también te vas", la que muchos conocen como "Canta, canta". El doctor Alfonso Cervantes, médico de los estudios de filmación, al verme hundido en el dolor me comentó:

—José Alfredo, existe un nuevo tratamiento, es sumamente fuerte. ¿Quieres que se lo apliquemos a tu niña?

Yo le contesté:

—Lo que sea, doctor, pero sálvela.

El médico le aplicó la medicina y, al poco rato, tu hermana comenzó a reaccionar hasta quedar completamente sana. Desde ese momento mi gratitud con el doctor se convirtió en hermandad. Tan pronto terminé con la película, les conté a mis amigos sobre mi promesa y, junto con mi primo "Yemo" (Guillermo Azanza), el doctor Cervantes, Manuel Sierra "el Pato" y Benjamín Rábago, que nos seguía en el coche, emprendimos la caminata hacia la Basílica. Salimos por Sullivan hasta llegar a la avenida de los Insurgentes, después tomamos Reforma hasta Calzada de los Misterios y llegamos muy cansados a dar gracias a la Virgencita. Al salir del templo, Rábago ya nos tenía preparada una cuba libre que nos supo a gloria. Al llegar a casa, mi niña me recibió jugando llena de alegría.

¡Qué linda historia! Además, esa canción forma parte de la película y la interpreta mi madrina Lola Beltrán. Hablando de música, ¿cuál es la que tú más disfrutas?

26

IMÁGENES

21 Calaverita de José Alfredo Jiménez hecha por su hijo José Alfredo Jiménez Jr.

22 Calaverita de José Alfredo Jiménez Jr. escrita por el Mtro. Manolo Marroquín.

23 José Alfredo Jiménez Jr. con sus papás en casa de Luis Aguilar.

24 José Alfredo Jiménez Jr. con su papá en casa de Luis Aguilar.

25 Pintura de la virgen de Guadalupe realizada por Octavio Ocampo.

26 Paloma Jiménez Gálvez con sus papás.

CAPÍTULO 4 |
Te solté la rienda

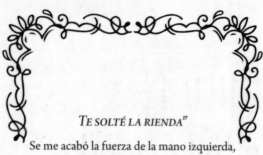

TE SOLTÉ LA RIENDA[17]

Se me acabó la fuerza de la mano izquierda,
voy a dejarte el mundo para ti solita
como al caballo blanco le solté la rienda.
a ti también te suelto y te me vas ahorita.

Estribillo:

Y cuando al fin comprendas
que el amor bonito lo tenías conmigo,
vas a extrañar mis besos
en los propios brazos del que esté contigo.
Vas a sentir que lloras
sin poder siquiera derramar tu llanto
y has de querer mirarte
en mis ojos claros que quisiste tanto,
que quisiste tanto, que quisiste tanto.

Cuando se quiere a fuerza rebasar la meta,
y se abandona todo lo que se ha tenido,
como tú traes el alma con la rienda suelta,
ya crees que el mundo es tuyo
y hasta me das tu olvido.

Estribillo.

Se me acabó la fuerza,
y te solté la rienda.

Lo mío es el mariachi: un buen grupo de mariachis puede interpretar lo que sea y siempre se escuchará bonito. Pero reconozco que en el mundo hay artistas muy valiosos y música muy bella: Frank Sinatra, Elvis Presley, Liza Minnelli, Charles Aznavour, Carlos Gardel, los Beatles, entre muchos otros. ¿Te acuerdas de aquella vez, en 1970, cuando canté para el aniversario de una radiodifusora en el Hollywood Bowl de Los Ángeles, donde también cantó el tal Alex Cooper?

 ¡Alice Cooper!, papá.

 Ajá, ése. Me encantaron la iluminación y ver cómo se movía por todo el escenario. Y, ¡qué bárbaro!, qué buen equipo de sonido traía. Por eso digo que hay que modernizar la música mexicana; es muy anticuada nuestra forma de presentarla. Tenemos que alcanzar el nivel de toda esa gente que hace las cosas con tanta calidad: ¡ya está bueno de la casita, las pacas de paja, las cantinuchas, el indio sentado durmiendo! ¡Tenemos que actua-

lizarnos!, caminar de un lado al otro sobre el escenario, mover al mariachi… Ya pasó aquel tiempo donde uno se paraba frente al micrófono sin desplazarse. Por eso me gusta ver y escuchar las nuevas propuestas que hay en el mundo: discos como los de Pink Floyd, las películas de Elvis Presley, los *shows* de Engelbert Humperdinck o los de Tom Jones; me encanta ver a Rod Stewart, a Raphael, las locuras que me pones de Frank Zappa. También me da gusto escuchar las canciones de nuestros talentos, como Juan Gabriel, o los éxitos de Lennon y McCartney.

A finales de septiembre de 1979, Francisco Miranda Kirchner y yo llegamos a la ciudad de Manhattan para terminar nuestros estudios de ingeniería en sistemas electrónicos en el Instituto de Investigaciones de Audio de la Universidad de Nueva York. Rentamos un pequeño departamento en el número 320 East de la calle 65, entre la segunda y la tercera avenida. Durante este periodo tuvimos la oportunidad de conocer muchos de los sitios y rincones emblemáticos de la Gran Manzana y, además, pudimos asistir a numerosos eventos y recitales de música de concierto, rock, ballet, ópera; también fuimos al teatro y al cine. Por supuesto, disfrutamos de algunos de sus magníficos restaurantes y hasta sus tradicionales *hot dogs* callejeros. Pero aún más, logramos ver a distintos personajes famosos caminando por las ruidosas avenidas siempre envueltas de arte, música, tiendas, rascacielos y rostros de todas las etnias. Te hablo de personajes que solo habíamos visto en televisión, periódicos o revistas, como Rod Stewart, Natasha Kinski, Anthony Quinn, Ringo, Pavarotti, Liza Minnelli, Frank Zappa, Ferry, David Bowie y muchos más.

Pero quiero contarte un acontecimiento muy especial: el ocho de diciembre de 1980, ya cerca de las 10:30 pm, estaba en casa haciendo las tareas, cuando llegó Francisco: "Algo está pasando en el Dakota", me dijo. El Dakota era un edificio ubicado entre la calle 72 y Central Park W; era el lugar donde tenían su residencia John Lennon y Yoko Ono. "Se está juntando una multitud". Pensamos que Lennon saldría a cantar o a realizar algún video, de manera que le dije que fuéramos. Corrimos hacia allá, atravesamos Central Park, a la altura del zoológico y, cuando llegamos, nos percatamos de que algo extraño había en el ambiente, como si una sombra gris flotara entre nosotros. Algunas personas encendían veladoras y lloraban, otros entonaban los temas que hicieron famoso al poeta de cabello largo. Al poco tiempo nos enteramos de que Mark David Chapman le había disparado por la espalda a John Lennon, a quien trasladaban de emergencia, ya casi sin vida, al St. Luke's Roosvelt, Hospital Center. Esperábamos, confundidos, alguna noticia, cuando el portero del Dakota José Sanjevís Perdomo anunció que el compositor había fallecido. Muchos de los que ahí estaban tomaron rumbo hacia el hospital, otros, al igual que nosotros, regresaron a casa con un nudo en la garganta y sin poder hacer comentario alguno.

Unos días después nos enteramos de que no habría funeral. En vez de ello, el domingo 14 de diciembre se convocó a los seguidores del genio musical a asistir a la Concha Acústica del Parque Central para guardar diez minutos de silencio. La convocatoria reunió aproximadamente a 225,000 admiradores, entre los que estuvimos nosotros acompañados de nuestro querido amigo Guillermo Gleason Becerril, "el Billy", quien llegó ese mismo día para visitarnos. Al finalizar los minutos de silencio, Yoko Ono y el Mayor Edward Koch agradecieron a los asistentes y dejaron que la voz de Lennon nos condujera hasta las lágrimas al poner en los altavoces su tema "Imagine".

También quiero platicarte de algunas de las producciones que hemos realizado y que, en verdad, han tenido un éxito extraordinario. Una de ellas es el disco de duetos, cuya producción y arreglos corrieron de las manos de Juan Carlos Calderón, Rudy Pérez, Eduardo Magallanes y Jesús Rodríguez de Hijar. En él intervinieron como intérpretes José Feliciano, Francisco Céspedes, Plácido Domingo, Rocío Dúrcal, Alexandre Pires, Thalía, Vicente Fernández, Lucero, Cristian Castro, Marco Antonio Muñiz, Jorge Negrete, José Luis Rodríguez "el Puma", don Pedro Vargas, entre otros. ¡Es un discazo!

En el *XXX* participamos tres productores, uno en España, otro en Estados Unidos y yo en México, apoyados con la dirección de Guillermo Gutiérrez. En este disco participaron Reyli Barba, Saúl Hernández y Álex Lora, quienes musicalizaron tres de tus manuscritos del libro negro creando nuevos éxitos para tu catálogo. En la rueda de prensa de la presentación del disco, Reyli, Saúl, Julieta Venegas y Álex Lora nos dieron estos testimonios:

Reyli: A mí me sigue sorprendiendo lo que escribes, José Alfredo. Recuerdo ese día que me encontré con tu hijo en la SACM para invitarme a colaborar con la música de un tema inédito. Eso fue muy importante para mí; me movió muchas cosas. Esa noche llegué a mí casa diciendo: "Dios mío, me lo concediste antes de tiempo", porque yo soñaba con escribir una canción con José Alfredo en otra vida, en una cantina allá en el cielo. Fue muy emocionante sentarme en la barra de tu casa a leer la libretita negra con tus manuscritos. Cuando llegué a "Fugitivo" no tuve duda de que esa era para mí.

Saúl Hernández: Sí, José Alfredo refleja nuestra forma de pensar y de sentir: el dolor lo vuelve fuerza y de la víctima surge el héroe. José Alfredo es verdaderamente poderoso y tiene un talento impresionante para componer buenas melodías con letras muy llegadoras. Por eso sus canciones tienen tanto contenido.

A mí me pasó igual que a ti, Reyli. Cuando José Alfredo Jr. me invitó a terminar una de las canciones que su padre no concluyó, escogí "Así es mi amor". La canción está dirigida a una mujer comprometida. El cantante, a pesar de saber que su relación con ella no tiene futuro, sigue insistiendo: el tipo está enamorado. Le agradezco mucho a José Alfredo Jr., porque además me invitó a develar, junto con el maestro Roberto Cantoral García, el busto del "Rey" realizado por el escultor Sergio Peraza. El busto se encuentra en el Jardín de los Compositores.

Julieta Venegas: ¿Me permiten hacer un comentario? A mí no me tocó musicalizar ningún manuscrito de don José Alfredo, pero en esta producción interpreto uno de sus grandes éxitos: "Serenata sin luna". Después de platicar con José Alfredo Jr. por teléfono, lo noté muy emocionado por mi participación. Durante la charla le comenté que su padre es para mí el compositor por antonomasia y el letrista que ha descrito, de la manera más concreta posible, el sentido de ser mexicano. Sus canciones tienen el sufrimiento, el desamor y el desgarro que nos encanta. Cuando nos emborrachamos, cuando nos enamoramos, cuando estamos tristes es inevitable cantar a José Alfredo. En nosotros vive su legado. ¿Tú qué opinas, Alex?

Álex Lora: Estoy de acuerdo con los tres. Para mí, como compositor, es un privilegio haber puesto música al tema "Vino y mujeres", y haber tenido el placer de cantarlo para su álbum homenaje titulado *XXX*. Ha sido una de las mayores satisfacciones que la música y la vida me han dado. Cuando en los conciertos del Tri nos echamos la rolita de "El rey", en la parte que dice: "después me dijo un arriero" yo canto: "después me dijo un culero" ¡y la banda se prende! ¡Por eso súbanle el volumen a la radio que está cantando José Alfredo!

Además de los cuatro anteriores, invitamos a participar a Joaquín Sabina, Ana Belén, Enrique Bunbury, Miguel Mateos y a los grupos Moenia, Los Rabanes, Cártel de Santa, Maná, Aterciopelados, Bacilos, Panteón Rococó, Jumbo, Moderatto y otros más. Hoy es de lo más buscado y tiene un gran número de visitas en internet.

El CD *Brindando a José Alfredo*, de mi amigo Carlos Ann convocó a varios intérpretes españoles, argentinos y mexicanos, incluyendo a Enrique Bunbury, Javier Corcovado, Mariona Aupí, Andrés Calamaro, Monocordio, Proyector, San Pascualito Rey, Leticia Servín. El álbum también ha funcionado muy bien. Además, Carlos Ann me ha pedido una próxima reunión para planear el volumen dos de *Brindando a José Alfredo*.

Con mi compadre Roberto Limón hice un disco maravilloso: *José Alfredo para guitarra y orquesta*, interpretado por Roberto Limón en la guitarra y la Orquesta de Baja California. Tiene

y que **siendo el rey**

Homenaje a

José Alfredo Jiménez

Obra plástica de Emiliano Gironella

Del 26 de noviembre, 1998 al 21 de febrero, 1999

arreglos de Alberto Núñez Palacio y fue dirigido por Eduardo Diazmuñoz. Lo presentamos en México, en el Palacio de Bellas Artes. Más tarde, tuvimos una presentación en el Alice Tully Hall del Lincoln Center de Nueva York: ¡no te imaginas con qué éxito! Aquí te pongo dos cartas, una del cónsul de México en Nueva York y otra de Sari Bermúdez, presidente de CONA-CULTA, ahora Secretaría de Cultura.

A ver qué tienen que decir, ahora, los "Ociólogos".

Querrás decir sociólogos.

¡No!, dije bien: ociólogos, los que no hacen nada y disque estudian a los que sí trabajamos.

Pues ahí va otra para los ociólogos, pero ahora con banda: la grabación de tu voz con la Banda El Recodo de don Cruz Lizárraga. A don Cruz lo conocí cuando grabaste con su banda tu disco de éxitos en los estudios RCA en agosto de 1968. Desde ese día comenzó mi amistad con él y con su hijo Germán. Por cierto, en su disco de 60 años grabaron mi canción "Te quejas de quererme", misma que escribí con José L. Hernández, director de los mariachis Sol de México y Reina de Los Ángeles. El tema fue el corte de promoción y con él ganamos el premio BMI.

Las pláticas con don Cruz son una delicia y, cuando se nos une José Ángel Espinoza, "Ferrusquilla", más. Son muy divertidos ese par de coquetos. Les encanta comer en lugares donde los atienden muchachitas jóvenes y, de preferencia, muy guapas; como ambos saben hablar bonito, "Ferrus" imita voces, don

Nueva York, NY
31 de marzo de 2005

Roberto Limón
Director Ejecutivo
Orquesta de Baja California
Centro Cultural Tijuana
Paseo de los Héroes y Mina S/N
Zona Río C.P. 22320
Tijuana, BC México

Estimado Sr. Limón:

Por este conducto, me permito expresarle mis más sinceras felicitaciones por el exitoso concierto de la Orquesta de Baja California ayer en el auditorio "Alice Tully Hall" del Lincoln Center. Muy particularmente, deseo felicitarlo por su bella interpretación en la guitarra durante el concierto. Fue, asimismo, un placer y un honor haberlo podido acompañar ayer durante el concierto.

Es muy gratificante saber que su trabajo y esfuerzo han contribuido a promover la imagen, la cultura y las artes de México en Nueva York. Este Consulado General, y el Instituto Cultural de México en Nueva York, seguirán como siempre buscando apoyar a la industria cultural mexicana y a sus talentos en esta ciudad.

Le deseo mucha suerte en sus proyectos futuros.

Atentamente,

¡Me dio mucho gusto poderte saludar!

Arturo Sarukhán
Cónsul General de México en Nueva York

SARI BERMÚDEZ
Presidenta

México, D.F., a 4 de abril de 2005.

MTRO. ROBERTO LIMÓN
DIRECTOR EJECUTIVO
ORQUESTA DE BAJA CALIFORNIA
P R E S E N T E

Estimado Roberto:

Con gran alegría recibí la noticia del enorme éxito que obtuvo la Orquesta de Baja California en su presentación en el *Lincoln Center*. Recibe mis más sinceras felicitaciones por la maravillosa noche que la orquesta otorgó al público. Es un orgullo ver que una agrupación de la calidad y excelencia de la OBC es tan justamente reconocida por públicos tan exigentes como el neoyorquino.

Aprovecho para enviarte un cordial saludo, y te pido hagas extensivo este reconocimiento a todos los miembros de la orquesta.

Sari Bermúdez

FIESTA MEXICA

Mazatlán   Dic 17-1990

'sigue Jimenez de ~~mi~~ pie
~~~~ ~~hoy mañana~~ ~~yoyer~~

una paloma me dijo
si José alfredo se me
queda José alfredo hijo

8

José alfredo ~~hizo~~ llega a su mesa
en milagro de ~~la~~ electrónica
y la Banda del Recodo
suena como una Sinfónica

Acompaña a su papá
con ejemplar   charidad
e incluso en el más allá
~~Su espacio lo calidad~~
se aprobó la calidad

9

Cruz recita poemas, y además los dos cantan y encantan, pues no se les va una. Los discos que hicimos, quitando al mariachi y metiendo a la Banda El Recodo sobre tu voz, *Viejos amigos* y *Marcando el paso*, bajo la dirección musical de mi querido amigo Germán Lizárraga, quedaron impresionantes; puedes comprobarlo en estas palabras que me regaló "Ferrusquilla".

A Cruz siempre lo admiré y desde que nos conocimos nos tratamos como si fuéramos viejos amigos. Cuando grabé mis canciones con la banda El Recodo, a la gente le pareció extraño, inclusive a algunos no les gustó, pero no sabes cuántas satisfacciones me ha dado ese disco; me ha colocado en lugares donde mi música no entraba y donde ahora tengo un auditorio enorme.

También quiero que escuches el disco de mi compadrito "el Coque" Muñiz, *Los amores de José Alfredo*, con arreglos de Jorge Avendaño. Cuenta con bellas y talentosas invitadas como Edith Márquez, Rocío Banquells, Kika Edgar, "la Rumorosa", Cecilia Gallardo, Caridad Castañeda, Claudia Sierra, entre otras. Lo presentamos en Los Balcones de Madero, en el Sanborns de los azulejos en el Centro Histórico de la Ciudad de México. Desde el balcón de la recámara de los Condes de Orizaba, Jorge salió a cantar para más de dos mil personas: ¡un éxito total!

En todos estos discos participan tus fieles "josealfredistas", los de hueso colorado, y algunas otras personas que me gustaría que escucharas porque hablan de ti con mucho amor. Muchos de ellos hasta te llaman "San José Alfredo". Y no te puedes imaginar la cantidad de CD y DVD, colecciones, libros y vinilos que existen hoy en día con tus canciones.

José Alfredo Jiménez

MARCANDO EL PASO
con LA BANDA
SINALOENSE
EL RECODO DE
CRUZ LIZARRAGA

10

11

12

13

Otro que siempre incluye por lo menos un tema tuyo en cada una de sus producciones es mi querido amigo Juan Valentín: lleva más de 30 canciones tuyas grabadas y cuatro de las mías. No sabes cómo le aplauden cuando interpreta el tema que hice con Humberto Galindo: "Un segundo de silencio". A la gente le encanta. Me han dicho que parece tuyo, como si tú me lo hubieras dictado desde el más allá.

A Juan sí lo recuerdo muy bien: un muchacho alto, con pelo largo y buena voz. Yo le recomendé que mejor se vistiera de charro y cantara música ranchera.

O sea que tú fuiste el culpable de que Juan Valentín cambiara de género. Déjame comentarte lo que él me dijo:

—¡Pero de género musical nada más! Yo siempre le decía que no insistiera, que no me gustaba esa música, que yo era baladista y que no lo cambiaría por nada. Pero él, sonriendo, me repetía: "Algún día terminarás cantando con mariachi". Benditas palabras. Le agradezco mucho sus consejos y la amistad que me brindó durante el tiempo que trabajé junto a él en el Teatro Blanquita y en la Caravana Corona.

Bueno, yo sé que ahora me han interpretado Luis Miguel, George Strait, Selena, Sabina, Linda Ronstadt, Serrat, Cigala, Lila Downs, los Tacubos, los Fernández, los Aguilar, Bisbal, Los Tigres del Norte, Río Roma, Maluma, Samo, Sin Bandera, Paté de Fuá, Julión Álvarez …

Ni le sigas porque no acabas: son miles, hasta en japonés, inglés, portugués..., bueno, existen versiones del "Caballo blanco" en latín, en holandés y hasta en árabe. ¿Y qué opinas de los videos que han hecho de tus canciones? Pedro Fernández hizo un gran trabajo con "Despacito" y con "El siete mares". También fueron un éxito "El hijo del pueblo" con Los Tigres del Norte y "Fugitivo" con Elefante.

A mí me gustan mucho el de Plácido Domingo, donde hace una historia como de Cyrano de Bergerac y canta "Paloma querida", el de "Si nos dejan" con la Durcal, el de Mariona Aupí cantando "Con la mitad" y "Te solté la rienda" con el grupo Maná.

También el que hizo Cristian Castro de "La retirada" es buenísimo. Pero el que más disfruté fue el video de "La media vuelta" con Luis Miguel. Parece que fue ayer cuando, en 1993, Luis Miguel rompió todos los récords con su disco *Romances*. Mi entrañable amigo, Mauricio Abaroa, estaba trabajando con "el Sol" en aquellos días y me comentó: "Voy a ver a 'Luismi' en Acapulco, dame temas de tu papá para ver si le gusta alguno y lo incluimos en su siguiente proyecto discográfico; Juan Carlos Calderón y Armando Manzanero van a ser los productores". Rápidamente le preparé un casete con "Amanecí en tus brazos", "Mundo raro" y "La media vuelta"; no pasó mucho tiempo antes de que Mauricio, con gran entusiasmo, me dijera que, estando juntos en el yate, disfrutando de la puesta del sol y tomando unos tragos, le había puesto las canciones: la que más llamó su atención fue la de "La media vuelta", de manera que formó parte de *Romances II*.

El álbum fue lanzado a la venta el 30 de agosto de 1994 con el sencillo "El día que me quieras" y se pensó en "La media vuelta" para el segundo corte. Recibí la llamada de Pedro Torres anticipándome que él sería el productor del video y que le gustaría contar con mi apoyo. Lo invité al salón donde guardo tu cantina y muchos de tus recuerdos y ahí, sobre tu barra, planeamos el guión del video. Pedro me comentó que quería hacerlo en blanco y negro e iniciar con una escena muy campirana en donde Jorge Russek, vistiendo traje de charro, escucha y aconseja a Luis Miguel. Para la segunda parte, Pedro estaba pensando en una cantina, por lo que le sugerí la del Cicero de la Zona Rosa, porque, además de ser bellísima, contábamos con la amistad de la señora Estela Moctezuma quien, al enterarse del proyecto, cerró la cantina para nosotros y nos preparó una espléndida comida.

Entre los invitados que engalanan el video están Juan Gabriel, Lola Beltrán, Amalia Mendoza "la Tariácuri", Carlos Monsiváis, Katy Jurado, Ofelia Medina, Yolanda Montes "Tongolele", Javier Mark, Pablo Montero, Gloria Peralta, María Elena Leal, Paloma Gálvez, Jorge Rousseck y el Mariachi Vargas de Tecalitlán. La canción alcanzó el puesto número uno en la revista *Billboard* y obtuvo el Grammy como mejor álbum de pop latino. El video se estrenó el 23 de noviembre de 1994 recordándote a 21 años de tu partida. Por esos días recibí una invitación para asistir a un programa de radio que conducía Ali Fernández, hijo de Ángel Fernández, el comentarista de deportes. El programa se transmitió durante una comida en un restaurante frente al Monumento a la Revolución. A mi lado se sentó un señor como de mi generación, pero que no conocía; cuando nos presentaron, él, al escuchar mi nombre, se volcó en elogios para ti y tus canciones, me dijo:

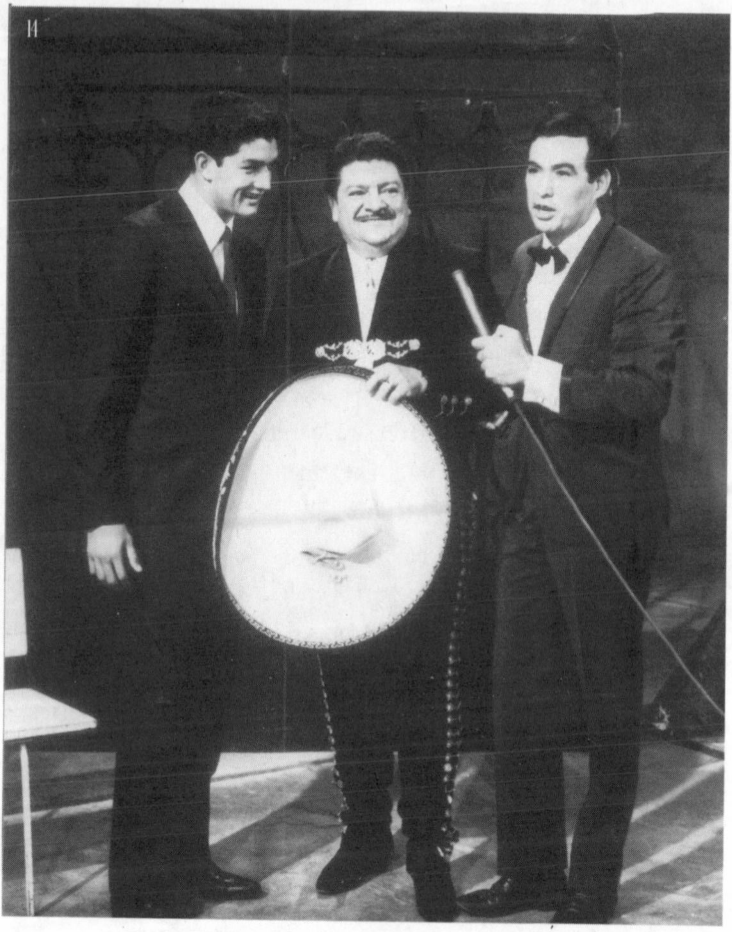
14

—Soy Carlos Páez, pero me conocen más como Carlitos y soy un sobreviviente de los Andes.

Todos los que estábamos ahí, curiosos, nos giramos hacía él con una lluvia de preguntas. Carlitos, con su acento uruguayo, nos respondía:

—Toda mi vida me la he pasado contando el accidente que nos dejó durante casi tres meses en la nieve. Fue en 1972, yo era el más joven de los jugadores de un equipo de rugby. Sobrevivir era el reto, sobrevivir también al dolor de ver morir a mis compañeros, de saber que la mayoría de nosotros moriría. Después de que la comida se terminó, todo fue más difícil. Recuerdo que un día llegó uno de mis amigos con una pequeña flor que había encontrado bajo la nieve; yo le pedí que me dejara verla y, tan pronto la tuve en mis manos, me la comí.

Alguien del grupo soltó la pregunta:

—Dinos, ¿cómo decidieron comer carne humana?

—Tomar decisiones significaba optar por la vida o la muerte; coraje y audacia pesan en las condiciones más adversas, además, sabíamos que no te podías dar por vencido ni aún vencido. Fue una decisión muy difícil. Después de varios días, sabíamos que de no comer algo, todos íbamos a morir, así que decidimos cortar un trozo de carne de las costillas del piloto y, aunque no teníamos cómo calentarla o prepararla, la tragamos ayudados con un poco de nieve.

—¿Qué sabor tenía? —alguien más preguntó.

—Tenía una textura como de madera aglomerada. Tal vez por estar congelada no tenía ningún sabor. Era complicado masticarla, pero solo así logramos sobrevivir.

Carlitos siguió contando su historia e hizo de nuestro día algo diferente e interesante. Gracias, Carlitos, por compartir tu experiencia conmigo y ¡qué gusto conocerte!

En una entrega de premios BMI en el Hotel Four Seasons de Las Vegas compartí mesa con Carlos Santana, su esposa, Sergio Vallín del grupo Maná, Leo, percusionista de Jaguares y Yadira Moreno, de Universal Music. ¡Verónica y yo la pasamos increíble! Carlos Santana nos comentó que en una presentación en Guadalajara cantó el tema "Tu recuerdo y yo" y que, como no se sabía la letra, le pidió a un amigo mexicano que se la escribiera, pero el encargo no le sirvió de nada porque su amigo tenía pésima letra y tampoco conocía bien la canción. Sin embargo, aunque cantó los versos equivocados, la gente lo aceptó con gran emoción por ser una canción tuya.

Sergio nos platicó de lo mucho que admira tu obra, al igual que sus compañeros del grupo, y nos contó del trabajo que realizó con las guitarras durante la grabación en vivo de tu tema "Te solté la rienda". Leo, por su parte, habló de sus tambores en "Así es mi amor". ¿Te das cuenta de que la gente sigue hablando de ti en tiempo presente? ¡Y hasta saludos te mandan!

Algo que me llenó de orgullo fue un comunicado que emitió la NASA el cinco de septiembre del 2009, pues tu canción "El hijo del pueblo" había sido escuchada por la tripulación del transbordador espacial Discovery a petición del astronauta José Hernández, de origen mexicano, antes de comenzar la caminata espacial requerida en aquella misión. Tal y como se menciona en el texto: "Con este hecho histórico, la música de José Alfredo comprobó su extraordinaria vigencia internacional y su hegemonía en el planeta tierra".

NASA

The station&shuttle crews awoke to "El Hijo del Pueblo", performed by Alfredo Jimenez, for Jose Hernandez. Today's spacewalk begins 449pET.

about 8 hour ago from web

@_brandone_ Russian cosmonaut Sergei Krikalev holds the record for most days in space: 803 days during six spaceflights.

about 8 hours ago from web in reply to _brandone_

Station astronaut Tim Kopra says "I'm going to miss this place." He returns to Earth Sept. 10 after approx 2months on space station.

about 10 hours ago from web

All 13 shuttle and station astros hold a news conference from space at 854pET Chk out NASA TV or www.nasa.gov/ntv

about 17 hours ago from web

At 5pET, NASA TV airs a briefing on the ongoing shuttle mission

NASA National Aeronautics and Space Administration

Lyndon B. Johnson Space Center
Houston, Texas 77058

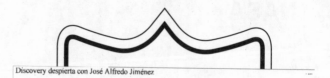

Published on *El Economista* (http://eleconomista.com.mx)

Principal > Internacional > Contenido

Discovery despierta con José Alfredo Jiménez

By *dordez*
Created *05/09/2009 - 2:09pm*

La melodía fue programada a petición de José Hernández

La tripulación del transbordador espacial Discovery y el resto de los ocupantes de la Estación Espacial Internacional, fueron despertados hoy con la canción 'El hijo del pueblo', del cantante y compositor mexicano José Alfredo Jiménez.

La Administración Nacional de Aeronáutica y el Espacio (NASA) informó que la melodía, programada desde el centro de control de la misión, en Houston, Texas, comenzó a escucharse en órbita a las 12:00 horas tiempo del Este (16:00 horas GMT).

La selección de la canción había sido hecha con anticipación por el astronauta de origen mexicano, José Hernández, cuyos padres son originarios del estado de Michoacán.

Los astronautas del Discovery son despertados todos los días con una canción diferente, elegida de manera previa por los mismos miembros de la tripulación.

La primera selección de Hernández fue 'Mi tierra', de la cantante Gloria Estefan -de origen cubano-, como una forma de celebrar su hispanidad.

Este sábado, la tripulación del Discovery, acoplado actualmente a la Estación Espacial Internacional, tuvo por primera vez medio día para descansar luego de completar su primera semana en órbita.

17

¿Ya le preguntaste al licenciado Roberto Cantoral Zucchi cuánto está pagando la ejecución pública en el espacio?

No se me había ocurrido, pero nadie mejor que él para darnos la cifra exacta de la recaudación en el espacio… o en las profundidades del océano: ¡se las sabe todas! Él heredó de su padre el gusto por la música, pero, sobre todo, la pasión por el derecho de autor.

A su padre lo admiré muchísimo; marcó toda una época en la canción romántica y como presidente de la Sociedad de Autores y Compositores realizó un trabajo extraordinario.

A finales de 1987 me tocó acompañar a Lucha Villa al Teatro Griego en Los Ángeles. Esa noche Úrsula Hilaría Celia de la Caridad Cruz Alfonso, mejor conocida como Celia Cruz, daba un concierto acompañada del gran percusionista Tito Puente. Al pasar a saludarla al camerino, ella y su marido, Pedro Knight, nos recibieron con la alegría característica del pueblo cubano y evocando recuerdos de las giras con la Caravana Corona en las que compartieron el escenario contigo: nunca dejaron de sentir cariño por ti ni de admirarte. Además, como un regalo para mí, improvisaron "El rey" con ese ritmo y sabor inigualable de la gente de la isla.

En el *backstage* del teatro conocí al actor John Candy y a David Byrne del grupo musical Talking Heads, quienes más tarde, en 1989, realizarían la producción de una canción a dueto con "la Guarachera"; tema que lleva por título: "Loco de amor".

En la ciudad de Miami en el 2003, durante la gira promocional del CD *XXX*, y en compañía del grupo Moenia, nos enteramos, a través de los medios de comunicación, del fallecimiento de la querida "Sonera", quien sería velada en la Torre de la Libertad, lugar emblemático para los cubanos radicados en la Florida. Había filas de más de 15 cuadras: hombres y mujeres de todas las edades, con lágrimas en los ojos, llegaron a rendir tributo y a observar, aunque fuera por unos segundos, el féretro cubierto por flores blancas y por la bandera de la estrella solitaria y el triángulo de sangre.

Cuando llegamos a la torre a darle el último adiós a la querida artista, entre la multitud se encontraban el actor Andy García, el músico y productor Willy Chirino y los comentaristas Cristina Saralegui y don Francisco. Por su parte, Pedro Knight nos recibió por unos minutos; al despedirse de mí me abrazó y, señalando al cielo, me dijo: "Allá está ella: ¡junto a tu padre!".

 No conocía el nombre completo de Celia. El que, de alguna forma, me aprendí es el de Agustín Lara: Ángel Agustín María Carlos Fausto Mario Alfonso del Sagrado Corazón de Jesús Lara y Aguirre del Pino. Otro similar en longitud es el del cura Hidalgo, que nos hicieron memorizar en la escuela primaria: Miguel Gregorio Antonio Ignacio Hidalgo Costilla Gallaga Mandarte y Villaseñor.

 Y yo que pensaba que mi nombre era largo. ¿Sabías que en Pamplona, España, durante la Feria de San Fermín, y antes de que suelten a los toros, la gente se reúne alrededor de un busto del novelista y escritor Ernest Hemingway para cantar "El rey"? Tal vez para darse valor antes de enfrentar el reto de correr frente a los toros. Aquí está la reseña que me mandó el periodista español Leonardo Páez, "José Alfredo en Pamplona":

Leonardo Páez: A diferencia de Tomás Méndez y Agustín Lara, José Alfredo Jiménez —tres santos laicos mexicanos, cuya inspiración refleja y expande el alma de su pueblo— no fue aficionado a los toros. Sin embargo, y no obstante la valiosa obra taurina de sus colegas, algo de su música se canta en una de las plazas más importantes del mundo y en una de las tardes más heterodoxas y contrastadas que aficionado alguno pueda imaginar.

En efecto, con un festejo de rejones y ocho corridas de toros, los feriantes que ocupan las localidades (19, 500) que se llenan a tope, toreé quien toreé, entonan a coro por lo menos dos de las composiciones del genial guanajuatense: "El rey" y "Ella".

Ya podía El Cid estar toreando a un geniudo toro del hierro de Fuente Ymbro, o Joselillo jugándose el físico ante uno de Dolores Aguirre, que el grueso del tendido de sol, desde barrera hasta general, se arranca con este bizarro popurrí: inicia con "El rey" y, de inmediato, el tema musical de la Twenty Century Fox. Rematan con "¡La chica ye-yé!" y, al finalizar otras piezas, entre himnos y marchas, terminan cantando "Ella": "Me cansé de rogarle …".

Yo aquí fácilmente puedo bajar todo de la nube.

Entonces déjame pasarte otros testimonios porque me faltan muchos: Plácido Domingo comentó: "No me va a alcanzar la vida para grabar todo lo que quiero de tu padre"; Elena Poniatowska, en el prólogo de tu libro *Y sigo siendo El Rey: 40 años*, escribió: "tal vez porque su padre era boticario, José Alfredo aprendió a curar el alma con sus canciones". Juan Gabriel hizo un homenaje en el que te dedica unos versos de su inspiración y luego interpreta un popurrí con 11 de tus canciones, entre ellas: "Paloma querida", "La mano de Dios", "Serenata huasteca", "A la luz de los cocuyos", "Vámonos", "Corazón, corazón", "Qué bonito amor", "Al pie de la montaña" y "Tu enamorado". Lo estrenó en el Estadio Azteca; luego lo cantó en televisión, en el Centro Fox y también lo llevó en sus giras por Estados Unidos, Centro y Sudamérica.

No sabes qué gusto me da saber que no me equivoqué al afirmar que en ese muchacho había un enorme talento para nuestra música; solamente me bastó escuchar su canción "Se me olvidó otra vez" para darme cuenta de que llegaría muy lejos.

Durante el tiempo que trabajé junto a la señora Lucha Villa, por la amistad que ellos tenían, tuve la oportunidad de convivir muchas veces con él y de conocer algunas de sus propiedades, además de compartir extraordinarias experiencias en el estudio de grabación.

Tienes razón, yo lo conocí a través de "la Prieta" linda, quien me pidió que lo escuchara. La verdad me sorprendió: él juega con la música, tiene una gran facilidad para hacer voces y coros y una enorme sensibilidad.

En el año de 1999, recibí la invitación para asistir a una entrega de premios en la ciudad de Miami. Ahí me entregaron un reconocimiento por el éxito de tu canción "Me equivoqué contigo"

en el hotel Fontainebleau de South Beach. Durante la cena platiqué unos momentos con Juan Gabriel, quien era también uno de los galardonados. Como en todos los eventos, él era asediado por los amigos y los medios, por lo que mejor me invitó a comer a su casa para seguir platicando de ti. Me dijo: "Vente mañana a mi casa, me van a cocinar un pozolito. Mejor allá me cuentas más de tú papá". Acepté la invitación con mucho gusto.

Al día siguiente, llegué puntual a la cita. Juan me recibió en la entrada de una hermosa casita blanca, con un vaso de agua de fresa con coco y jengibre. Me invitó a pasar a la sala donde tenía una charola llena con pistachos, chocolates y nueces de la india y, luego, decidió que comiéramos en la cocina: había tortitas de papa y el pozole. Te quiero confesar que el pozole no estaba muy bueno porque, como Juan es medio vegetariano, le pusieron setas en lugar de carne y quedó algo insípido.

Como dice el dicho: "le faltó sabor al caldo". Pero qué bueno que fue al pozole al que le faltó sabor porque a las canciones sí les pone todos los condimentos: le quedan con muy buena sazón.

Bueno, te cuento que después del dichoso caldito me llevó a conocer un inmenso y bello jardín en la parte posterior de la casa. Caminamos alrededor de él acompañados por sus perros, hasta que llegamos a un pequeño lago artificial en el que tenía algunos patos, para los cuales llevaba unos trocitos de pan. Nos sentamos en una mesa de madera y, mientras él les daba de comer a sus patitos, le mostré el manuscrito que me dejaste con un verso de dos renglones sin concluir y con el título: "¿Qué ganaste, corazón?", el cual yo utilicé para darle forma a la canción; le pedí que me diera su opinión. Él observó la letra por un largo rato, la leyó de arriba a abajo varias veces, le dio vueltas al papel, se levantó, caminó, volvió a sentarse y, después de unos minutos, me preguntó: "Mi'jo, ¿puedo cambiar esta palabra de aquí para acá?", "Por supuesto que sí; haz lo que quieras, pero ponle música", le contesté.

Él volvió a mirar el papel emocionado y dijo: "Esto puede quedar muy bonito. Además, ya trae la bendición de tu padre; hasta creo que es hora de tomarse un tequilita". Mandó a traer el tequila con su asistente y nos sirvieron a cada uno un caballito. A lo mucho él le dio un par de tragos, pero lo vi muy contento, como repitiendo la letra en silencio y con la mirada puesta en el cielo.

Me despedí de Juan Gabriel y salí apurado, pues tenía que llegar a la presentación del calendario de la actriz y modelo Odalis, protagonista del programa *Lente loco*. Llegué tan demorado que ni calendario me tocó, pero pude platicar con los ejecutivos de la compañía disquera que me habían solicitado temas tuyos y míos para un disco que le producirían a la también conductora.

Cuéntame ¿qué paso con la canción? y ¿cómo te fue con el proyecto de Odalis?, ¿está entre nuestras intérpretes?

Lo de Odalis no se concretó, pero unos meses después, ya en el año 2000, recibí una llamada de Juan Gabriel pidiéndome autorización para grabar el tema. Me dijo: "¿Puedo grabar nuestra canción en el disco que le estoy haciendo a José José?". Yo, más que emocionado, le contesté: "¡Por supuesto! ¡Sí! Es un verdadero honor y más aún si la vas a cantar a dueto con él". Juan me comentó que las sesiones de grabación iban a ser un poco lentas por las condiciones de salud del "Príncipe de la canción", pero que me mantendría al tanto y que, de ser posible, me invitaría al estudio. Sin embargo, por una causa u otra no pude estar presente en la grabación de nuestro tema. Ya en el 2001 se presentó el disco en la cantina El Tenampa. Ahí acompañé a José José en una rueda de prensa. "El Divo de Juárez", por motivos de trabajo, no pudo asistir, pero quiero darle las gracias una y otra vez por dejar en nuestra canción el enorme cariño, respeto y admiración que siempre demostró por ti.

Si la buscas en YouTube, tiene casi cinco millones de visitas.

¿QUÉ GANASTE, CORAZÓN?[18]

¿Qué ganaste, corazón?
La quisiste como a nadie habías querido,
y le diste con tu amor toda tu vida,
no pensaste, corazón, en el olvido,
y ahora sufres el dolor de su partida.

Llora, pero nunca la perdones,
anda y busca por tu bien otro cariño,
vete acostumbrando a las traiciones,
porque muchas hallarás en tu camino.

No supiste si te quiso o no te quiso,
y ella sabe, corazón, si la quisiste,
pero, en cambio, todo el mundo muy bien sabe
que ella goza, corazón, y tú estás triste.

Es difícil olvidar lo que se adora,
sin embargo, tu deber es ignorarla,
si hay justicia en este mundo, pa'l que llora,
con el tiempo, corazón, has de olvidarla.

Llora, pero nunca la perdones,
anda y busca por tu bien otro cariño,
vete acostumbrando a las traiciones,
porque muchas hallarás en tu camino.

24

25

Para el filósofo Fernando Savater eres, sin duda, el mejor poeta de Latinoamérica. "¡Y que me perdone Octavio Paz!", recalca el maestro Savater. El matador de toros José Tomás, en las tientas, viste traje de faena charro y lleva un mariachi para que le toquen tus canciones mientras escoge el ganado. Carlos Monsiváis afirma que es imposible que pasen de moda tus canciones y que no hay forma alguna de envejecerte, porque ya eres una institución de instituciones y tus canciones iluminan la región más oscura del alma. Eulalio Ferrer escribe en su último libro: "A José Alfredo le brotaban las canciones con la facilidad de quien lleva dentro de sí un manantial de inspiración". Antonio, "la Tota", Carvajal, comentó: "Qué bueno que José Alfredo se dedicó a componer canciones porque así dejó en la banca a muchos compositores; si hubiera seguido en el futbol, ¡el de la banca habría sido yo!". Cuando gana nuestro equipo de futbol, el León, la gente en el estadio canta "Camino de Guanajuato" y la camiseta esmeralda por dentro lleva un verso de esa canción.

¿Sabías que Agustín Lara, quien me llamaba "Gato" por mis ojos de color claro, me regaló una pistola calibre .38? En aquella época era el calibre más grande permitido. Entonces dijo: "Yo creo que los compositores son como el calibre de las balas y que tú eres de los más grandes". Así me entregó el arma.

Te cuento que mi madrina, Lola Beltrán, en Madrid, en una cena muy importante con el rey Juan Carlos I de España le preguntó: "Su majestad, ¿me permite dedicarle la canción de 'El rey'?". Juan Carlos I contestó: "¡De ninguna manera!, querida Lola, ¡ésa la canto yo!". Y mira que, siendo el rey, no canta nada mal las rancheras.

Y a ver, ¡alégale que no es el rey! Cuidado y te diga: "¡Ya cállate!". A quien también le gustaban mucho mis canciones era al presidente Hugo Chávez de Venezuela, quien las cantaba adondequiera que iba, así que súmalo a mi lista de intérpretes.

Eso seguro que te lo dijo un pajarito, ¿no? ¿Y qué dices de Alan García de Perú? En todos sus festejos invita al mariachi para que le canten tus canciones. También el presidente Felipe Calderón le comentó a Paloma que "El perro negro" es su canción favorita, y que, además, le gusta cantarla.

Mi querido Joaquín Sabina, con quien he pasado largas bohemias escuchando tus canciones, me ha dicho en alguno de sus conciertos: "Les voy a cantar 'La noche de mi mal', porque aquí está 'el hijo de mi padre'". Joan Sebastian en los premios Billboard, 2013, comentó al público: "Ojalá Dios nos concediera a todos los que vestimos este sueño de componer canciones, hacer una carrera del tamaño majestuoso de mi inolvidable José Alfredo Jiménez". Enrique Bunbury expresó en una entrevista de prensa: "José Alfredo Jiménez en la música está a nivel dios". María Dolores Pradera asegura que pocas veces un pueblo se identifica tan íntima y profundamente con un compositor. Mario Moreno "Cantinflas" comentó: "Pepe tiene un tesoro en su corazón: ojalá que México pueda disfrutar mucho tiempo de sus canciones". Joan Manuel Serrat considera tu canción "Mundo raro" entre sus diez favoritas en el mundo, ¡y qué grabación tan hermosa dejó en su disco *Tarres*! Rufino Tamayo me dio un pequeño cuadro con texturas de arena a cambio de una colección de canciones tuyas. Juan Carlos Calderón, en una comida que dio René León en su casa de Cuernavaca, me comentó:

"¡Qué más podemos escribir los compositores, si tu padre ya lo ha dicho todo!". Tu entrañable amigo, Armando Manzanero, también quiere decirte algo:

Armando Manzanero: No solo eres el compositor más intenso y grandioso que nuestra música mexicana nos ha dado, eres una persona inmensamente amada. Es a la hora de partir de este mundo cuando uno se entera de cómo se portó en esta dimensión de la vida: a ti no solo te lloró tu pueblo, tus amigos y tus seres amados, sino que éste es el momento que tenemos que repartirnos los que tuvimos el privilegio de tratar contigo para recordarte. En Dolores Hidalgo, Guanajuato, tú eres una institución; ahí cada año se conmemora tu partida, como en diferentes partes del país y de todo el mundo, donde también hay gente que te ama, festeja y recuerda. Con nosotros se quedan tus canciones, mismas que nos acompañarán siempre. Tú no te has ido ni te irás jamás, estás en el presente de todos los que cantamos y necesitamos de una canción de amor. Te amo con ese amor que los hombres saben darse cuando una amistad es eterna. Tu amigo y hermano.

Gracias, Armando, y gracias a todos mis amigos porque siento que todavía me quieren. Todos sus comentarios e interpretaciones hacen que yo siga presente en los corazones y el gusto musical de millones de personas.

Papá, dime una cosa: ¿de qué color son tus ojos?

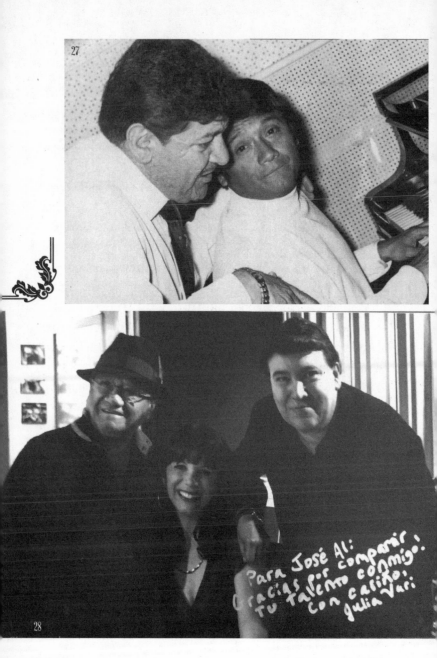

Para José Ali:
Gracias por compartir!
Tu talento conmigo!
Con cariño,
Julia Vari

Son de un color entre azul y gris, aunque algunas veces, por la luz del cielo o la ropa que traigo puesta, se me ven muy azules o hasta verdes, como los tuyos.

 ¿Cuánto mides? porque yo, cuando era niño, te veía como a un gigante, pero hoy me parece que eres aún más grande y que tus botas de charro, del número que sean, no le quedarían a nadie.

 Mi estatura es de un metro con 70 centímetros y mis botas de charro son del siete y medio.

* * *

A finales de 1968, mi padre estaba haciendo un especial para Televisa en el que su personaje llevaba el nombre de "Rosendo"; esto fue motivo de risa y burla para él. Las locaciones para esta producción se ubicaron en San Miguel de Allende, Guanajuato. Ahí recibió el primer aviso de la enfermedad que se lo llevó por el camino de la noche. Él sufrió un desmayo y fue atendido por los doctores de la producción. Cuando le avisaron a mi madre, ella se comunicó con el doctor Gustavo González Parra, su otorrinolaringólogo de cabecera y amigo incondicional para que ambos se desplazaran hasta el sitio. Después, al terminar las filmaciones, se trasladaron a la Ciudad de México y, luego de estar internado varios días, quizá semanas, con un severo tratamiento en la Clínica de las Américas, le prohibieron beber alcohol y le exigieron que llevara una vida más ordenada.

Él siguió las indicaciones de los médicos al pie de la letra. Recuerdo que el 28 de febrero de 1969 organizó el festejo de los 15 años de mi hermana Paloma: la ceremonia religiosa se llevó a cabo en el Templo del Altillo, los padrinos fueron don Guillermo Vallejo y su esposa Martha Badager de Vallejo y la recepción, por su parte, fue en el centro social El Patio, donde se ofreció una espléndida cena de cuatro tiempos y un maravilloso espectáculo.

En cada mesa había un disco de 45 RPM con la fotografía de mi hermana en la portada y un vals dedicado a ella. Mi padre vestía un elegante traje de charro azul marino: se veía delgado, aunque su salud había mejorado. Sin embargo, al paso del tiempo, entre las giras, los amores, las grabaciones y el desorden, volvió a llevar su vida hacia los grandes tragos: primero, argumentando que el doctor le había dado permiso de tomar vino

RCA MKE-1112

PALOMA QUERIDA
•••
DAME UN POCO DE TI
•••
AMOR DEL ALMA
•
LA MITAD DE MI ORGULLO
•••
JOSE ALFREDO JIMENEZ

Impreso en México

tinto con nieve de limón o una copa durante la comida. Después, no recuerdo quién le dijo que el *whisky* era lo más sano y hasta con Coca-Cola o Ginger Ale se lo tomaba. Así, en febrero de 1973 ingresó en la Clínica Londres, de donde estuvo entrando y saliendo a lo largo del año. Salía para hacer algunas presentaciones personales, entre ellas su última aparición en el programa de Raúl Velasco. Cuando inauguraron el Centro de Convenciones de Acapulco, estrenó la canción "El rey" y se la dedicó ese día a don Miguel Alemán. Después de ello, regresó al hospital, donde ya tenía una *suite*, la 113; allá íbamos a visitarlo con frecuencia.

Yo cumplo años el nueve de noviembre. Para esa fecha él, ya muy enfermo, se puso una pachuqueña, se cubrió con una ruana y se escapó de la clínica llevándose a escondidas el coche. Llegó a la casa, tocó el timbre, yo le abrí la puerta y, al verme, me dijo: "Ya te arruiné tu cumpleaños, ¿verdad? ¿A dónde quieres ir?". Sus ojos ya no tenían aquel brillo azul tan hermoso, estaban algo amarillentos; su piel se había vuelto grisácea y su estado general era muy malo. Él me abrazó y yo le dije que mejor nos quedáramos en la casa y encargáramos pollito del Tío Luis, que tanto le gustaba. Eso hicimos: escuchamos música y jugamos dominó toda la tarde. Cuando anochecía comenzó a sentirse mal, se despidió de mí y, abrazando a mi mamá con lágrimas en los ojos, le dijo: "La única verdad en mi vida has sido tú y mis hijos". Entonces, Benjamín Rábago, su secretario y mejor amigo, quien, preocupado, había llegado a la casa porque sabía que era mi cumpleaños y que ahí lo encontraría, se lo llevó nuevamente al hospital. A los 14 días falleció. Fue un gran detalle de su parte, pues me demostró el enorme cariño que sentía hacia mí. Ahora es mi turno de pagarle cuidando y caminando de la mano de todas sus canciones. Gracias papá.

José Alfredo Jiménez
Martes 19 de enero de 1926 -
viernes 23 de noviembre de 1973.

Mi padre en su trayectoria no solo encontró gloria, fama, dinero, mujeres, admiradores, sino que logró lo más preciado para un artista: trascender con su creación y cabalgar, por siempre, sobre su lejana montaña en el camino de la noche.

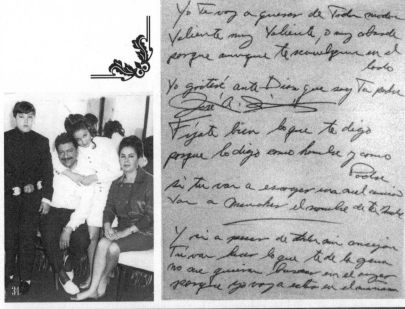

HIJO   José...

15 años bien cumplidos
al lado de tu Madre y de tu perro
junto de tus juguetes, que no saben,
ni muestran cesar un niño bueno,

———

Yo te voy a querer de Todos modos
Valiente muy Valiente, o muy cobarde
porque aunque te avergüences en el
                                    todo
Yo gritaré ante Dios que soy Tu padre

José...

Fíjate bien lo que te digo
porque lo digo como hombre y como
                                    Padre
Si tu vas a escoger una mal camino
Van a Muchos el nombre de tu Padre

———

Y si a pesar de todo mi consejo
Tu vas hacer lo que te de la gana
no me quieras buscar en el augur
porque yo voy a estar en el amar

IMÁGENES

1 José Alfredo Jiménez Gálvez con su papá en el aeropuerto.
2 Rueda de prensa del disco *Sigo siendo el rey* y exposición de Emiliano Gironella con Juan Carlos Calderón y Óscar López.
3 Portada de disco *XXX* homenaje a José Alfredo Jiménez.
4 Portada del disco de duetos por sus 25 años luctuosos ... *Y sigue siendo el rey*.
5 Portada de disco *Brindando a José Alfredo Jiménez*.
6 Carta del Consulado General de México al concierto del guitarrista Roberto Limón.
7 Carta de felicitación de Sari Bermúdez al concierto del guitarrista Roberto Limón.
8 Dedicatoria de José Ángel Espinoza "Ferrusquilla" a José Alfredo Jiménez Jr. parte 1.
9 Dedicatoria de José Ángel Espinoza "Ferrusquilla" a José Alfredo Jiménez Jr. parte 2.
10 José Alfredo Jiménez Jr. y Jorge "Coque" Muñiz.
11 Portada del disco *Marcando el paso* con la banda El Recodo.
12 José Alfredo Jiménez Jr. y German Lizárraga.
13 José Alfredo Jiménez y Juan Valentín.
14 José Alfredo con el portero de las chivas Nacho Calderón y el comentarista Ángel Fernández.
15 Comunicado de la NASA de la misión espacial del mexicano José Hernández.
16 Fotografía de la NASA del trasportador espacial Discovery.
17 Recorte de periódico donde la tripulación del Discovery despierta con canciones de José Alfredo Jiménez.
18 Entrega de premios BMI –de izquierda a derecha– Leo, percusionista de Jaguares, José Alfredo Jiménez Jr., Sergio Vallin, Carlos Santana y Verónica de Jiménez.
19 José Alfredo Jiménez Jr. y Reyli.
20 Alex Lora, Julia Varí y José Alfredo Jiménez Jr.
21 José Alfredo Jiménez Jr. y Verónica con Midi de Moenia.
22 José Alfredo Jiménez Jr. y Joaquín Sabina.
23 José Alfredo Jiménez Jr. y Roberto Limón.

24 José Alfredo Jiménez Jr. con "la Tota" Carbajal en León, Guanajuato, entrando a la catedral para una misa en honor a José Alfredo Jiménez.

25 Tomás Méndez, Agustín Lara y José Alfredo Jiménez.

26 José Alfredo Jiménez en un bar de España con María Dolores Pradera y el dúo dinámico.

27 José Alfredo Jiménez y Armando Manzanero.

28 Armando Manzanero, Julia Varí y José Alfredo Jiménez Jr.

29 José Alfredo Jiménez.

30 Caricatura de José Alfredo Jiménez hecha por Carreño.

31 José Alfredo Jiménez, Paloma y su hijo platicando con el sacerdote que ofició la misa de 15 años de su hija Paloma.

32 Disco de recuerdo que se repartió en los 15 años de Paloma Jiménez.

33 Última fotografía de José Alfredo Jiménez en la clínica Londres.

34 La Familia Jiménez Gálvez en el camerino del teatro del centro nocturno Terraza Casino.

35 Carta de José Alfredo Jiménez a su hijo.

36 Familia Jiménez Gálvez con el Dr. Gustavo González Parra y su esposa Socorro en Restaurante Delmonico's.

CAPÍTULO 5 |
La última morada

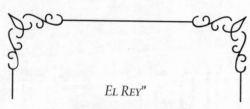

EL REY[19]

Yo sé bien que estoy afuera,
pero el día que yo me muera,
sé que tendrás que llorar.

Coro:

Llorar y llorar, llorar y llorar.

Dirás que no me quisiste,
pero vas a estar muy triste,
y así te vas a quedar.

Estribillo:

Con dinero y sin dinero,
hago siempre lo que quiero,
y mi palabra es la ley.

No tengo trono ni reina
ni nadie que me comprenda,
pero sigo siendo el rey.

Una piedra del camino
me enseñó que mi destino,
era rodar y rodar.

Coro:

Rodar y rodar, rodar y rodar.

Después me dijo un arriero
que no hay que llegar primero,
pero hay que saber llegar.

Estribillo.

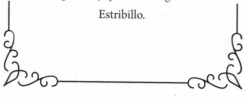

Fue, para ser exactos, una noche muy fría, el 17 de diciembre de 1972. En mi pueblo, Dolores Hidalgo, me hicieron un homenaje por mis 25 años como compositor. El presidente municipal, el licenciado Jesús Quesada López me entregó un pergamino en donde, por segunda ocasión, el H. Ayuntamiento me declaraba "Hijo predilecto".

¡yo quiero morirme como muere mi pueblo!

La gente me recibió con tanto cariño que, a la hora de mi actuación, aventando el corazón les dije:

—El día que yo me muera, quiero que me entierren aquí; yo no quiero estar en la Rotonda de las Personas Ilustres, ¡yo quiero morirme como muere mi pueblo! ¡Y que me entierren aquí en Dolores Hidalgo, en el panteón municipal!, ¡en una tumba humilde y que mi epitafio diga: "La vida no vale nada".

La multitud se desbordó en aplausos y yo, sintiendo una gran emoción, expresé:

—¡Esos aplausos se van conmigo hasta la muerte!

En este homenaje me acompañaron artistas, familiares y amigos, entre ellos mi madre, Armando Manzanero, Juan Gabriel y el Mariachi Vargas de Tecalitlán. Mi madre me dedicó unas palabras muy cariñosas ante el pueblo que, emocionado, seguía arrojándome flores. Cuando Juan Gabriel subió al escenario, la gente todavía seguía pidiendo que yo cantara. Lo presenté como el compositor de "No tengo dinero" y la algarabía creció. Después de un par de canciones, nadie quería que dejara el templete: enamoró a todos con su trabajo escénico. Sus músicos se complementaron con el Mariachi Vargas. Y una vez que Armando Manzanero apareció ante el público la euforia fue total; él hizo que este homenaje fuera inolvidable para todos los que asistieron.

La verdad fueron homenajes muy emotivos. El que organizó la Sociedad de Autores y Compositores de México, SACM, en el que Consuelo Velázquez, Alberto Domínguez y Carlos Gómez Barrera te entregaron una enorme charola de plata, fue muy íntimo. Y aunque no cantaste, el grupo de mariachis que llevaron interpretó una gran parte de tus más sentidos temas. La RCA Víctor festejó con un álbum de tres discos de larga duración tu aniversario de plata. En esa ocasión hubo una cena en la Hacienda de los Morales, uno de los lugares que más disfrutabas por su buena comida. Allí fue donde recibiste un trofeo en manos del director general de aquella época. Fue muy interesante escuchar tus canciones con el grupo de salterios que llevaron.

Chavela Vargas me contó que estuvo contigo y mi mamá en el homenaje que te hicieron en la Plaza Garibaldi. Era im-

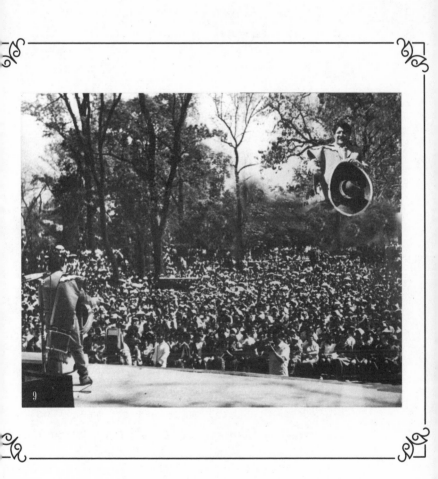

presionante ver los ríos de gente que llegaban por todos lados y tú cantando "Gracias" sobre el techo de un camión de Televisa, acompañado por cientos de mariachis que llenaban la plaza. Chavela recordó que ese día se despidió de ti porque vio en tus ojos la sombra de tu alma y, en un grito de dolor, le comentó a mi madre:

—Paloma, ¡se nos va!

Déjame contarte los cambios por los que ha pasado la última morada que pediste. Al principio, acatando tus indicaciones, la tumba era en extremo humilde. En un tablón de mezquite se grabó el epitafio y el entorno quedó circundado por una rústica cerca de madera con una cuerda trenzada al estilo charro. Dos años después, mi abuela mandó a traer de Italia un Sagrado Corazón de 90 cm y, sobre una plancha de mármol negro, en un libro abierto, con letras doradas, se escribió el epitafio. Más tarde se decidió hacer una estructura rodeada de vidrio con el fin de dignificar y darle realce al lugar en que miles de admiradores iban a visitarte. El proyecto no fue muy atinado, pues la caja de vidrio impedía que la gente pudiera estar cerca de ti: tenían que limitarse a verte detrás del cristal; cosa que a nadie le gustaba.

Las críticas nos llovieron por todos lados y, además, eran muchos los comentarios que decían que el lugar lucía descuidado y lleno de polvo. Yo recordaba nuestros viajes a Dolores: aquel cielo de un color azul como el cristal de Murano sin una sola nube. Pero no me percataba de que la temporada de lluvia era muy corta y hacía falta agua.

Recuerdo que estando yo muy niño un día te pregunté:

—Oye papá, ¿por qué en Dolores hay tantas viejitas?

Y tú me respondiste:

La vida no vale nada
JOSE ALFREDO JIMENEZ
19... 26   23-XI-1973

—No están viejitas, ¡están polvosas!

Estábamos preparándonos para tu vigésimo quinto aniversario luctuoso, cuando le comenté a mi cuñado Javier Senosiain, esposo de mi hermana Paloma:

—¿Qué podemos hacer con la tumba de mi papá? La gente quiere estar cerca de él. Me gustaría que su tumba fuera diferente: moderna pero muy mexicana, con un toque ranchero que se relacione con su imagen, que lleve materiales típicos de su pueblo y que sea fácil de limpiar. Pero lo más importante es que permita el libre acceso de las personas que lo visitan y que, con solo verla, la gente diga: "¡Ahí está José Alfredo!".

Al poco tiempo Javier me entregó este proyecto y me comentó:

—Es preferible derrumbar la antigua capilla y construir una totalmente nueva que dé oportunidad a los visitantes de desplazarse libremente. Que sea muy mexicana, acorde a la personalidad de tu padre y abierta para que las personas puedan acercarse hasta la tumba. Dolores se caracteriza por sus trabajos de alfarería, por lo que quiero utilizar azulejos en varios colores para elaborar un sarape que serpenteé a lo largo del terreno que mide ocho metros de frente por 20 de fondo. En este sarape de azulejos multicolores, los paseantes podrán leer más de 100 títulos de las canciones que escribió tu papá. También quiero que el sarape termine exactamente sobre el lugar donde está enterrada tu abuela Carmen. Tendrá únicamente 12 franjas de azulejo recordando los 12 años que ella le sobrevivió a su hijo[1]. Por otra parte, las suaves subidas y bajadas del sarape evocarán la orografía de la sierra de Santa Rosa, mencionada en "Camino de Guanajuato". El sarape y el sombrero de charro, características típicas de su vestimenta, serán los elementos esenciales en el diseño de la nueva capilla. El gran sombrero color cobre que va montado sobre el sarape hará de cúpula; sus cuatro pedradas en la copa engendrarán una cruz formada por 113 pequeños vitrales de color azul cobalto que bañarán de luz el epitafio[2]. El sombrero medirá ocho metros de diámetro y dará forma a una concha acústica que asemeje la garganta del "Rey" cantando. Y para el piso usaremos trozos de mármol para integrarlo con las otras lápidas, así como para contrarrestar la carga policroma del sarape.

1   Carmen Sandoval Rocha 1900-1985 (Nota del Autor).
2   113 por el número de su habitación en la Clínica Londres (Nota del Autor).

Así es como luce tu última morada. Gracias a la maravillosa imaginación, a la genialidad y al talento de mi cuñado, el arquitecto Javier Senosiain, y al inmenso cariño de la gente, tu tumba es una de las más visitadas y fotografiadas en todo el país.

A través de tus canciones, discos, libros, películas, la Casa Museo José Alfredo Jiménez, el Festival Internacional, tu tequila y tu última morada, sigues siendo un pilar del turismo y la economía de tu pueblo adorado.

Y si quieren saber de mi pasado, los espero en mi Casa Museo abierta al público desde el seis de septiembre del 2008. Ahí se presentan mi vida y mi obra a lo largo de ocho salas de exposición en las que se combinan gráficas, fotografías, ambientaciones sonoras, videos y cancioneros interactivos, con la exhibición de objetos personales, discos, trofeos, diplomas y otros testimonios de los múltiples homenajes que me siguen regalando mis seguidores.

El martes dos de agosto del 2016, acompañado por mi tío Juan Antonio Revueltas Sandoval, salí rumbo a Dolores Hidalgo, Guanajuato, con una enorme ilusión, pues el gobernador Miguel Márquez Márquez me haría la entrega del Parador Turístico José Alfredo Jiménez como representante de la familia.

Como es costumbre, nos detuvimos a desayunar en la Hacienda San Gil, Querétaro, y, después del rico cafecito y la tradicional comida mexicana, volvimos a tomar camino hasta llegar a la última loma de la sierra de Guanajuato, la loma que mencionas en tu canción "Camino de Guanajuato". Allí se ubicó el parador que ahora lleva tu nombre y un monumento de cinco

metros de altura con tu figura hecha en cantera recordando a todos los visitantes que sigues siendo "el Rey".

Al llegar ya nos estaban esperando el gobernador Miguel Márquez Márquez, el secretario de Turismo Fernando Rocha Olivera, Juan Rendón López, alcalde de Dolores Hidalgo, Mauro Gutiérrez, presidente municipal de San Felipe y un gran número de paisanos y seguidores, además de todos los medios de comunicación de la región.

Durante la ceremonia, el gobernador enfatizó que el parador se había construido con la finalidad de promover, difundir y comercializar las artesanías, la gastronomía y la música de este pueblo mágico. También dijo que lleva tu nombre porque tus canciones y tu imagen siguen presentes en todos los corazones de Guanajuato: cantinas, restaurantes, autos, comercios, glorietas, avenidas y en cada casa donde abundan tus retratos, tus discos y el respeto y el cariño de la gente. Además, añadió: "Existe un pleito entre el municipio de Silao, Guanajuato capital, y la ciudad de León por el nombre y situación geográfica del Aeropuerto Internacional del Bajío. Yo pienso que, si le ponemos el nombre de José Alfredo Jiménez, los tres van a estar totalmente de acuerdo, ¿qué les parece esta idea?". Y no sabes cómo aplaudió la gente.

Ahora en 2017 que cumples 70 años de compositor, tomando como inicio aquella presentación en los micrófonos de la XEL con el trío Los Rebeldes en el año de 1947, y que das fe de ello en tu canción "Gracias", nosotros ya estamos preparando nuevas producciones: una con La Auténtica Santanera de don Gildardo Zárate, donde tus canciones pasan de la cantina a los salones de baile. No tienes idea de lo rico que suenan los

arreglos que hizo don Gildardo; vas a poner a mover los pies de medio mundo. Y la otra con el elenco de la compañía disquera Warner Music. En una junta con mi querido amigo Tomás Rodríguez, director general de Warner y el productor Camilo Lara, convocamos a grandes talentos a interpretar tus obras para el que será el disco oficial por tu homenaje de 70 años de compositor; entre muchos de ellos quedaron: Enrique Bunbury, Carla Morrisson, Ricky Muñoz de Intocable, Julieta Venegas, Andrés Calamaro, Lila Downs, David Hidalgo y Los Lobos, Jarabe de Palo, Adrián de Babasónicos, Beto Cuevas, Celso Piña, Ximena Sariñana, Depedro, Jay de la Cueva y Juan Perro. Por el cariño y el entusiasmo que han puesto cada uno de ellos y lo actual y fresco que suenan tus canciones, pienso que va a ser uno de tus discos con mayor éxito.

JOSE ALFREDO JIMÉNEZ
1926 — 1973

IMÁGENES

1   Recibiendo el nombramiento de "hijo predilecto de Dolores Hidalgo".

2   José Alfredo Jiménez en Dolores Hidalgo, 25 años de compositor.

3   Recibiendo el nombramiento de "hijo predilecto de Dolores Hidalgo" y su mamá.

4   Juan Gabriel y Miguel Azanza acompañados por un amigo en los 25 años de compositor de José Alfredo Jiménez.

5   "Que se me acabe la vida".

6   "La vida es un sueño".

7   Homenaje por sus 25 años de compositor en la SACM de izquierda a derecha los compositores Alberto Domínguez, Carlos Gómez Barrera, Consuelo Velázquez y José Alfredo Jiménez.

8   Homenaje de la RCA Víctor por sus 25 años de compositor en la Hacienda de los Morales.

9   Actuación de José Alfredo Jiménez en la Alameda Central.

10   Primer epitafio sobre su tumba.

11   Primera transformación a la tumba de José Alfredo Jiménez.

12   Segunda transformación a la tumba de José Alfredo Jiménez.

13   Tercera transformación a la tumba de José Alfredo Jiménez.

14   Cuarta transformación en maqueta que sufriría la tumba de José Alfredo Jiménez.

15   Imagen de su mausoleo.

16   "Para morir iguales".

17   Imagen de José Alfredo Jiménez con la catedral de su pueblo.

18   Nombramiento a José Alfredo Jiménez Jr. como embajador honorario del estado de Guanajuato.

19   En el evento de la entrega del parador José Alfredo Jiménez estuvieron presentes (de derecha a izquierda) el Secretario de Turismo, Fernando Olivera Rocha; el Gobernador de Guanajuato, Miguel Márquez Márquez; José Alfredo Jiménez Jr.; el presidente de San Felipe, Mauro Javier

Gutiérrez y el alcalde de Dolores Hidalgo, Juan Rendón López.

20   Develación del busto de José Alfredo Jiménez en el Jardín de los Compositores en la Ciudad de México. De izquierda a derecha: Roberto Cantoral, Paloma Gálvez, la delegada Dolores Padierna, Saúl Hernández, Paloma y José Alfredo Jiménez. Arriba: Homero Aguilar, Agustín Lara Jr. y Manolo Marroquín.

21   José Alfredo recibiendo el cariño de los niños por sus 25 años de trayectoria.

22   José Alfredo Jiménez.

Epílogo

MANUEL SALGADO

José Alfredo Jiménez Gálvez, el hijo de "el Rey", realiza este libro como si se tratase de un diálogo entre amigos con su padre, en el cual, ambos desentrañan una montaña llena de recuerdos y descripciones de la vida del compositor, misma que él plasmó emotivamente en cada letra de canción que componía. Además, nos obsequia un poco de aquellos amores, escondites, momentos bohemios y, sobre todo, de aquella bella música que creó: ese conjunto de armonías que encaja perfectamente en cada ocasión de nuestras vidas y que las voces más vivas de cada generación, desde hace más de medio siglo, siguen cantando y entonando.

Las canciones que José Alfredo Jiménez compuso llenan cada momento de nuestras vidas, sean tristes o alegres. No importa que hayan sido para el desamor y para esas noches donde vagan las estrellas, siempre nos brindan una complicidad que va más allá de lo que podemos interpretar, porque cada una refleja lo que es vivir con el alma en la mano; no importan el tiempo ni el espacio. Y aunque es un atrevimiento decir todas, la gran mayoría de ellas rebasan a la divinidad, a la muerte y rozan nuestras más sensibles fibras.

No importan los años en que surgieron "El caballo blanco", "El perro negro" u otras, porque ambos José Alfredo Jiménez, padre e hijo, se ven frente al espejo y juegan en una charla que lleva al lector a través de un portal donde los conocemos más humanos. José Alfredo Jiménez Jr. realiza una crónica íntima de su padre, el compositor, para mostrarlo sensible, sin prisa, y para llevarlo, de paso, hacia la inmortalidad eterna.

Vamos a despedirnos por ahora, no con un adiós, sino con un hasta luego lleno de afecto y con una canción de José Alfredo, la que ustedes prefieran: imaginémosla tarareándola al compositor y a su hijo, quien escuchará atento para poder describirla y platicarnos su anécdota. No importa cuál: "El borracho", alguna serenata para la luna o para sus amores y desamores. Al final es posible decir que esta obra nos marca una nueva y amplia certeza: conocer a José Alfredo Jiménez, verlo transcurrir, a partir de los ecos de su cotidianidad y de la alegría de quienes lo seguimos disfrutando con el mariachi, la guitarra y la experiencia, nos demuestra que la vida ¡sí vale mucho!

José Alfredo Jiménez
interpreta a otros compositores

1. Noche criolla.   Agustín Lara.
2. Aunque tengas razón.   Consuelo Velázquez.
3. Un presentimiento.   R. Fuentes / A. Cervantes.
4. La del rebozo blanco.   R. Fuentes / R. Cárdenas.
5. Golondrina presumida.   Tomás Méndez.
6. Tu partida.   Gonzalo Curiel / R. López Méndez.
7. Un sueño de tantos.   Abelardo Pulido.
8. La interesada.   Chava Flores.
9. Cuesta abajo.   Carlos Gardel / A. Lépera.
10. La última carta.   Víctor Cordero.
11. Contigo aprendí.   Armando Manzanero.
12. Mía.   Armando Manzanero.
13. Pensando en ti.   Armando Manzanero.
14. Para cuando regreses.   Armando Manzanero.
15. A nadie.   Armando Manzanero.
16. Ya te olvidé.   Armando Manzanero.
17. Solo tú.   A. G. Rosas.
18. Me voy para olvidarte.   Amalia Mendoza.

19. Mañana me voy.	Pablo Díaz Codesal.
20. Canción de mi pueblo.	Pablo Díaz Codesal.
21. Desolación.	D.A.R.
22. El delgadito.	Graciela Olmos.
23. La última canción.	Rubén Fuentes / Stringlio.
24. Penas arraigadas.	Gilberto Parra.
25. Tu olvido.	Ricardo López Méndez / G. Ruiz.
26. Qué bonito, qué bonito.	Rodolfo Mendiolea.
27. Redención.	Guerrero / Prado / Sancristobal.
28. Ruega por nosotros.	Rubén Fuentes.
29. ¿Qué te pasa corazón?	Rubén Fuentes.
30. Canción del corazón.	Alfonso Esparza Oteo.
31. Adiós de Carrasco.	Alfredo Carrasco.
32. Gabino Barrera.	Víctor Cordero.
33. Bohemio de mi barrio.	Pablo Díaz Codesal.
34. No niegues que me quisiste.	Jorge del Moral.
35. La gardenia.	Hermanos Samperio.
36. Son amores.	Harry Warren / Jack Brooks.
37. Mis ojos me denuncian.	Valdés Leal / Acuña.
38. Tu mala entraña.	Valdés Leal / V. Elizondo.
39. Mi ranchito.	Felipe Valdés Leal.
40. Veinte años.	Felipe Valdés Leal.
41. El desengañado.	Felipe Valdés Leal.
42. Tu amor se impone.	Sabré Marroquín.
43. Te andan buscando.	D.A.R.
44. Mi nave.	D.A.R.
45. Arnulfo González.	D.A.R.
46. Adiós a Pedro Infante.	Felipe Valdés Leal.
47. Tú solo tú.	Felipe Valdés Leal.

48.	Y es verdad.	Juan Arrondo.
49.	Lágrimas negras.	M. Matamoros.
50.	Cuando ya no me quieras.	Cuates Castilla.
51.	La flor humana.	Felipe Jiménez.
52.	Un beso mío.	Coquí Navarro.
53.	Si tú me quisieras.	R. Fuentes / A. Cervantes.
54.	La gallinita.	R. Hernández.
55.	Cita a las seis.	Derechos de Autor Reservados.

Galería

"Estoy en el rincón de una cantina".

"El rey".

"Palabra de hombre".

"Tu enamorado".

"No me amenaces".

"Que me sirvan de una vez pa' todo el año".

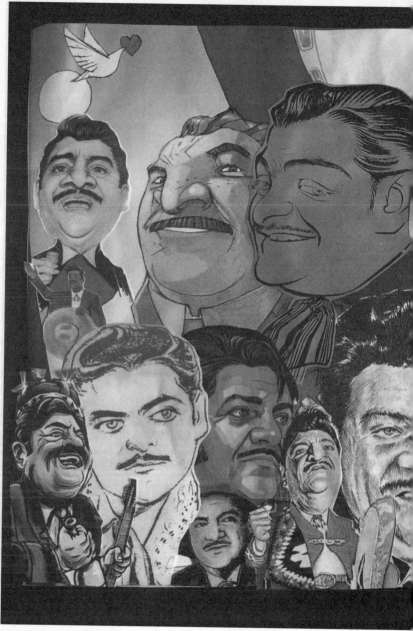

"Mundo raro".

"Viejos amigos".

"En el último trago".

"Si nos dejan aconséjame, compadre".

De izquierda a derecha: "El coyote", "El jinete", "Ella", "Martín Corona",
"El mala estrella", "La bandida" y "Pedro el herrero".

"Cuando yo tenía tu edad".

"Las ciudades".

"Yo".

"Qué suerte la mía".

"Gracias".

Agradecimientos

Durante toda mi vida me ha cubierto la sombra y la protección de un sombrero de charro gigante. He querido seguir los pasos de mi padre, pero sus botas de charro me quedan muy grandes y eso me hace mantener los pies sobre la tierra. Sé que la herencia más bonita que él me dejó es el cariño de la gente y con su gran humildad al despedirse, me enseñó a decir "Gracias".

Gracias a dos de mis Palomas, mi madre y mi hermana por llevar en sus alas los prólogos de mi vida, sigo aprendiendo de ellas. A mi esposa Verónica, que apostó su corazón por un sueño de amor. Ojos de ángel, me tocó la suerte de vivir entre tus brazos, eternamente enamorado.

A mis hijos María de Lourdes, José Alfredo, Ángel y Verónica Sofía, porque ellos van a ser mis pasos y mi voz en el futuro.

Al flamenco y al tequila siempre presente, en la sonrisa y los abrazos de mi entrañable amigo Ignacio Reglero. Te quiero, colega.

A Manuel Salgado, director de ilusiones, capitán de promesas y escultor de los sueños que pueden volar.

A quien alimenta con tecnología mis ideas y camina junto a mí en los buenos y malos proyectos: Édgar Iván Revueltas, por tanta lata que te doy.

Gracias a Héctor Valdivia por abrir con tus pinceles las puertas del mundo raro de mi padre, mi admiración y cariño para ti.

A mi gran amigo Carlitos Isunza por guardar mis recuerdos más queridos en un clic, imágenes de mi padre que están en la memoria de todo México.

Pienso que todos los perros deben ir al cielo, por eso agradezco a mi perrita Melody por acompañarme en las madrugadas cuando me levanta la inspiración.

A Carlos Ramírez, Gabriel Sandoval, Daniel Mesino, Lizbeth Batta, Alejandra Espinosa y mi tocayo Alfredo Núñez Lanz, por ser el mejor equipo del planeta.

Índice de canciones